常春藤传记馆

温儒敏／主编

U0852230

“诗仙”

李白传

李亚祺 著

長春出版社

全国百佳图书出版单位

图书在版编目（CIP）数据

“诗仙”李白传 / 李亚祺著. --长春：长春出版社，2021.1（2023.10重印）
（常春藤传记馆 / 温儒敏主编）
ISBN 978-7-5445-6192-1

Ⅰ.①诗… Ⅱ.①李… Ⅲ.①李白（701-762）-传记 Ⅳ.①K825.6

中国版本图书馆CIP数据核字（2020）第235796号

“诗仙”李白传

著　　者　李亚祺
责任编辑　闫　言
封面设计　长春出版社美术设计制作中心

出版发行　长春出版社
总 编 室　0431-88563443
市场营销　0431-88561180
网络营销　0431-88587345
地　　址　吉林省长春市长春大街309号
邮　　编　130041
网　　址　www.cccbs.net

制　　版　佳印图文
印　　刷　延边星月印刷有限公司

开　　本　880毫米×1230毫米　1/32
字　　数　109千字
印　　张　7.25
版　　次　2021年1月第1版
印　　次　2023年10月第2次印刷
定　　价　25.80元

总　序

温儒敏

十多年前，我主持人民教育出版社高中语文教材的编写，其中选修课就专门设置有《中外传记选读》一种，我自己还动手编写了这本教材。因为受高考“指挥棒”影响，一般学校的选修课未必真能让学生自主选修，很多选修教材编出来都没有使用，但《中外传记选读》一直很受欢迎，每年都有重印。这让我对传记的阅读推广有了特别的关注。

我还注意到最近三四年高考语文试题命制的一种趋向，无论全国卷还是其他省市卷，阅读题往往都选传记作为材料。比如今年（2016 年）全国卷的甲、乙、丙三个卷子，文言文阅读的材料全是传记，包括《明史·陈登云传》（甲卷）、《宋史·曾公亮传》（乙卷）和《明史·傅珪传》（丙卷）；现代文阅读的实用类文本也多用传记，节选了《吴文俊传》和《陈忠实传》。可见传记阅读越来越受到重视，考试也有意往这方面引导。

中小学语文教材也应当多选一些传记。现在教育部正组织编写一套新的义务教育语文教科书，聘我担任总主编，这套新教材就选了不少名人传记，并鼓励学生多读传记。

为什么中小学生要多读传记？我曾在《中外传记选读》的前言中说过理由，这里不妨转述一下：

> 同学们都渴望能拥有健全、快乐和成功的人生，现在的学习阶段就在做准备，而且其本身就已经是你人生经历的一部分。我们该怎样设计自己的人生？当然最重要的还是学习。除了学习文化知识，还要从历史人物或者成功的人物身上学习宝贵的生活道理、人生哲学以及获取成功的途径。这就是励志教育，是人生教育中非常重要的部分。人都需要不断添加生活的动力，特别是在年轻的时候，要有偶像和楷模，有高远目标的激励。如同英国思想家培根所说过的："用伟人的事迹激励我们，远胜一切的教育。"让同学们从

那些杰出的成功的人物身上吸取人生的经验，从前人多种人生道路的选择中寻找我们各自的“契合点”，这就是我们设立这门课的主要目的。

这里说的“设立这门课的主要目的”，其实也是我们推出这套“常春藤传记馆”丛书的目的。

“常春藤传记馆”丛书由北京大学语文教育研究所组织编写，长春出版社出版。全套丛书初步设定为 100 种，每本 10 万字左右，其选目、内容和写法都是为中小学生“量身定制”的。我们希望这套丛书能作为基本图书进入中小学图书馆。和其他同类传记图书相比，“常春藤传记馆”丛书有四个特色：

一是传主覆盖范围广。包括中外古今各个领域的名人，涉及政治、军事、科学、实业、社会活动、文学、艺术、革命等领域。重点考虑有代表性的、在精神层面可以给学生激励的那些名人。

二是和课程教学有呼应。中小学除了语文，各个学科的教材和教学都会涉及中外古今各个领域的著名人物，选择主题首先考虑这一情况，选取学生有所接触又可能希望进一步了解的那些名人。这可以满足学生不同的兴趣爱好。

三是专门为中小学生编写。本套传记不是专业性强的评传，而是重在勾勒传主生平事业贡献的小传，内容和文字力求深入浅出，生动形象，有趣有味。阅读对象接受水平可以定位在初中程度，也可以稍高一点。特别是有些理科方面的传记，主要面对高中生。其实，小学生的课外阅读也要取法乎上，他们可以读这套为中等文化水平的读者设计的书。

四是内容安排上特别注重励志及健全的人格心理引导培养，在叙说传主生平事迹时，适当地自然地凸显这些方面的思考。

从书取名“常春藤传记馆”，有特别的含义。“常春藤”是一种多年生常绿藤类灌木。美国哈佛大学等几所著名的私立大学，组成体育联盟，叫“常春藤盟校”，其起名是因为这些老校的校舍墙上常攀缘有常春藤。本丛书以“常春藤传记馆”作为标识，是虚拟的意象，可以联想到著名的学府，也可以联想到古代的书院，从而营造浓郁的阅读氛围和宁静的心境。另外，“常春”和“长春”同音，暗含这套丛书是由长春出版社出版的。

但愿广大师生喜欢这套书，也期盼大家提出批评建议，共同来经营好这套书，让“常春藤传记馆”更好地满足广大读者，特别是中小学生课外阅读的需求，满足语文教学的需求。

2016年6月30日济南历下

（温儒敏，山东大学一级教授，北京大学中文系教授，教育部聘义务教育语文教科书总主编）

前　言

塞外，戈壁无边，寒风凛冽，漫卷的黄沙中几棵盘虬的枯树刺向天空，远处依稀看见半掩在沙尘中的倾圮的城墙。一行人马在浩瀚的黄沙中缓慢地、艰难地行走着。暗色的天幕上挂着一轮巨大的明月。

仿佛过了许久，驼铃声由远及近愈加清脆。不久，便能看清那赶着驼队胡人打扮的老人、他身后风尘仆仆的人马和十几只驮着箱子的骆驼。

也许因为赶路的困顿，也许几天来都是望不到边的沙漠让人莫名压抑，他们沉默着并不交谈，只听见那滞重的脚步声与沉重的呼吸声。

长长的队伍的后部，一辆漆着红漆结实的马车上，车窗帘突然被掀开，露出一双孩童的眼。那眼瞳尤为明亮，在暗色的天幕下仿佛闪着灵动的光。它掠过人马、枯树、坍塌的城墙，又仿佛定住一般，怔怔盯着那轮戈壁之上巨大的、摄人心魄的圆月。黑白分明的眼瞳里写着吃惊、赞叹与些许惶惑——许多年后，那轮明月依然刻在这个男孩的记忆里，隐隐让他想到一片广阔无际的天地，隐隐提醒着他心的归属。

目录 contents

第一章
神仙与纵横梦

迁居昌隆

在唐王朝的西部边陲——安西都护府四重镇之一的碎叶，李白和戈壁辽远的天空，荡涤塞外的烈风，深目高鼻的胡人和他们那声情并茂的胡语、很小就能大碗喝酒的孩子，度过了生命最初的五年。

由陇西成纪谪居至此，李家在这里居住已久。

而今，李家举家内迁，行程万里，从河西走廊入蜀，在四川昌隆的青莲乡（即今四川江油）定居下来。

唐代的对外贸易空前繁盛，李白的父亲早年在西域经商，家族庞大，资产颇多，好行侠，江湖中朋友不少，仇人亦多。此番迁居关内，一来寻个环境好些的居所，二来主要也是避祸，三来，自认陇西李氏的后人。

李白，字太白，号青莲居士，又号谪仙人。他在兄弟中排行十二。

童年的李白最关注的是——漫波渡旁的紫云山上，到底有没有神仙。

昌隆地广人稀，群山阻隔，虽离成都不远，但交通不便。

不同于苍凉的戈壁，青莲是个山清水秀的小村子，居民多为少数民族，古称西南夷。他们和别族的语言不同，丧葬嫁娶皆有独特的传统，而且，神灵在这里有着无以言说的神秘，更是一种信仰。

这地方有一个对李白来说难忘的去处——漫波渡。春夏时节，这里水波氤氲，远远看去，白雾漫卷，仿佛蒸腾着云气，水天亦无法分清。岸上是一片开着淡黄花朵的树，间或夹着一丛丛青竹，缥缈一如仙境。

离李白家不远有座紫云山，这里峰峦环秀，

古木苍劲，山上有道观建于其中，叫崇仙观，暮色中紫云缭绕。李白小时候觉得那是最神秘有趣的地方，很多年后，他还在诗中提到“家本紫云山，道风未沦落”。

唐代虽然佛教发展迅速，但儒道皆有制衡的一面。因为唐代皇帝姓李之故，认老子李耳为始祖，从开国以来，新修道观数以千计。百官中也有不少人信奉道教，向往神仙，有的自愿弃官为道士，与修道者结伴从游。文人学士将崇尚道教、与道长真人作方外游视为风雅，比如陈子昂“早爱赤松游”，颜真卿“德惭好道”，寻常百姓日常民情风俗中受道教的影响更是比比皆是。

李白的兄弟姐妹觉得他很孤僻、很奇怪——可以瞪着月亮瞪一个晚上，然后在清晨说一句：“是原来的没错。”或者呆呆地发愣，在人们问起时小声说：“嘘——我在听神仙讲道。”他喜欢舞弄父亲的剑，模仿着招式，虽然，他偶尔会遭到呵斥，但他痴迷起来全然意识不到这些。

尽管如此，他的几个哥哥还是很妒忌他，“五岁诵云甲，十岁观百家”，父亲布置的功课他仿佛不怎么用功便记得比其他人都好。他还常常看些奇怪的书——不同于唐代士子为求宦途必须熟记的《五经正义》，而是一些不多见的“野史”，里面会将尧舜禅让之事说成“篡权”。另外，儒家推崇的圣王是尧、舜、孔、孟，从未道及黄帝，认为一些黄帝的传说有违雅驯，实为异端之言，李白却“颇得闻矣”。

这些“野史”和关于“黄帝”的书，是岷山上的东岩子道长借给李白的，道长觉得这有着明亮眼眸的孩子似有些不同，从他看一草一木的眼神，不说是仙气，至少也是慧根。李白听道长讲牧羊儿靠修为得道成仙等故事时，神情格外专注，听得津津有味。

东岩子的鸟

这天清晨，李白被屋外的鸟鸣声唤醒，起身推门而出，地面有些潮湿，也许昨夜下过细雨，空气有说不出的爽透。院中那带着剔透露珠的海棠开得正艳。

李白的妹妹月圆正摘着海棠花玩儿，李白兀然觉得妹妹摘海棠花的行为可憎，便厉声道：“喂！你别摘了！”吓得小妹妹一愣，哇哇哭着跑了。

李白皱皱眉，觉得扫兴，更觉得不痛快，索性拿了本干宝的《搜神记》，上山去了。

林中的小溪如此清澈，人影倒映水中，清晰如镜，飞鸟在山林穿梭，一如穿梭于如画的屏风中。

李白暗暗生自己的气，人多时觉得吵闹，真正躲在山林中，时间久了又觉得寂寞，于是他开始背那些所喜欢的诗词歌赋。一开始他的声音是平稳的，略有一些随意，后来声音变得嘹亮起来，显得很有气势，索性一字一句大声喊着，山谷回响着清亮亮的辞章："云梦者，方九百里，其中有山焉。其山则盘纡茀郁，隆崇嵂崒；岑崟参差，日月蔽亏；交错纠纷，上干青云；罢池陂陀，下属江河……"这是司马相如的《子虚赋》，他喜欢其中的铺陈与浑然。

"清晖能娱人，游子憺忘归。出谷日尚早，入舟阳已微。林壑敛暝色，云霞收夕霏……"这是谢灵运的《石壁精舍还湖中作》，他最喜欢那"林壑""云霞"二句。

"江路西南永，归流东北骛。天际识归舟，云中辨江树。旅思倦摇摇，孤游昔已屡。既欢怀禄情，复协沧州趣……”这是谢朓的《之宣城郡出新林浦向板桥》，他喜欢那音韵错落的变化和其中似懂非懂的迷惘……

山林中有砍柴的人经过，总会驻足好奇地看看这个十几岁的扯着嗓子背诗的男孩。而李白全然不理会，每每背到兴头上甚至忘记日已西斜，他踏着诗律的拍子，完全不在乎泥土和草上的露水弄湿袜子，轻快的双脚配合着诗律的节奏给他一种回荡在身体内的兴奋情绪以及酣畅淋漓的解脱感。

终于，他觉得累了，停了下来，坐在地上轻轻喘着气。

晚霞晕红了半边天，晚归的鸟儿也染成了金红色，远处的镇子炊烟袅袅。

这里离家并不近，太阳很快落下去了，那轮明月缓缓升了出来，在枝杈间徘徊着。这让李白觉得自己并不是一个人。

忽然，李白隐约听见远处传来的似有若无的歌声，起先是一个人在低声吟唱，曲调忧伤哀婉，似在讲述一个有温暖有悲伤的故事，继而几个人混声合唱，情绪急促和舒缓低沉的声音糅合在一起，是一种古老而神秘的语言，却不知其意。

沿着河水右转，那略开阔的平地上，升腾着熊熊火焰，数百名羌人男女老少围着火焰肃穆而立。

离火焰最近处，一个穿着白色长袍披着头发，神情庄重的年轻女子正吟唱着空灵的歌儿，周围的人不时和着。

一个老人静静地躺在竹席上，神态安详。

“是羌人的葬礼吧。”李白小心地凑上去，生怕打扰了他们。

几个青年上前抬起逝去的老者，放到燃烧的烈火之上。

族人们环绕烈焰跪拜，口中喃喃有词。李白被这一幕感染着，只觉那烟气凝聚成一种神秘的力量，在明月的辉映下，袅袅升入未知的天际。

许久，火焰渐渐小了，又渐渐灭了。夜又静下来。

一个十几岁的男孩呆呆地望着远处。一个中年女子来拉他的袖子，他摇摇头依旧站着不动，中年女子叹着气走了。

李白站在男孩旁边，顺着他的目光望去，远山只是一个模糊的影子。

男孩自语道：“应该到了！”

李白望着他素白的脸。

“爷爷的灵魂会升入天空，他会以神仙的身份住在山顶上。”男孩的声音低缓而柔和，眼神里透着温柔。

于是，李白轻轻地，却是认真地点了点头。

当晚，李白决定第二天上岷山找寻东岩子，他想去看看神仙居住的地方。

岷山离家很远，李白天不亮就出发，一路上穿山过涧，不时听见泉水淙淙和隐隐可闻的犬叫声。路遇的桃花浓艳耀目，香气芬芳。

未近午时，便已到岷山，东岩子隐居的道观在岷山的岩壑之间。溪水之畔的林间小道，树影重重，不时可见那优雅的麋鹿在林中踱步。

眼前翠绿而茂盛的野竹隔断了山上青色的云霭。那白色的泉水溅在石头上，一如奏着金石之乐，又从苍碧的山峰上飞流而下。

寂静的山林，仿佛能听见仙人的脚步，李白并不着急，林中之景让他诗兴勃发——

犬吠水声中，桃花带露浓。
树深时见鹿，溪午不闻钟。
野竹分青霭，飞泉挂碧峰。
无人知所去，愁倚两三松。

他笑了笑，觉得还算工整。

忽然，林中山色暗了下来，一片鸟振翅膀的声音，李白抬头望天，只见成千上万只稀奇的禽鸟自头顶掠过，遮住了本就在林荫间约略露出的天空。

那鸟是五彩斑斓的颜色，缭乱了眼，却喧闹了整片森林。

只见群鸟皆朝山林不远处的一个方向飞去，不一会儿便隐没在林中，只是那振翅鸣叫之声依然回旋不歇。

李白拍拍身上的土朝群鸟飞去的方向走去，只听那鸟声有的短促，有的绵长，有的尖利，有的低回，但都兴奋而激烈。

鸟声近了，只见那群鸟团团围住的正是东岩子。他正用高亢的声调模仿着某种奇异的鸟叫声，放着食物的摊开的手掌上落着吃食的小鸟，肩上、手臂上、头发上落满了鸟儿。阳光透过树叶洒下缕缕光斑，这幅印在山林背景上的灵动的画面看得李白一脸肃然，只觉那穿着白袍、一脸平和的东岩子是仙人无疑。

东岩子也看见了李白，他微微笑了笑，停止了模仿，朝李白走来。

几只鸟振翅飞走了，更多的鸟跟在他身后恋恋地飞着。

望着李白闪着光的眸子，东岩子轻声道：“好几天没见你了，怎么今天有空了？”

李白望着东岩子身后的鸟，仿佛还没回过神儿。

“你一定很奇怪，为什么这鸟儿会与我如此亲近吧？”

李白使劲儿点点头。

“其实人本就与禽兽类同，凝形不同而已。人与禽兽相亲，合乎自然，顺乎天道。”

李白点头道：“我曾在《庄子·马蹄》中看到那‘禽兽可系羁而游，乌鹊之巢可攀援而窥。夫至德之世，同与禽兽居，族与万物并’的描写，还有《列仙传》中那养鸡百余年的‘祝鸡翁’，千余只鸡，鸡皆有名，呼名即来……道长，不……

仙人……想必您一定是了……”李白的眼神愈亮了。

东岩子望着云雾缭绕处的山峰，笑着摇摇头道：“我不过还在修道阶段。”

“修道?”李白喃喃道。一只红嘴小鸟轻盈地落在他的肩上，用嘴梳理着羽毛。“我也可以修道吧。”他的眼神里有着向往和虔诚。

东岩子仿佛并不吃惊，望着李白眼睛里倒映的山峰的轮廓，半晌，他缓缓点了点头道：“当然可以。”

李白微眯了眼，又道：“神仙在哪儿居住呢?”

“每座山都有神灵，每座洞府都有神仙居住。所谓别有洞天，就是说仙人大都住在名山洞府中，外人轻易找寻不到。”东岩子说着，眼睛始终望着远远的地方，那升腾着的白色的雾气。李白顺着他的眼光望去，仿佛看见了仙人的灵踪，那么飘逸，那么洒脱，临风而飞，在九天绝顶俯瞰人间。

晚上回到家，李白依然陶醉在那神仙幻境之中，觉得没有比这样的生活更恣意洒脱的了。

这时，房门开了，父亲李客走了进来，李白忙站起身，毕恭毕敬地低下头。

李父望着窘迫的儿子，沉声道："听说你两日没去书塾了。"

李白的头埋得更低了。

"可是有什么不舒服？"

李白摇头。

"可是对先生不满？"

李白一顿，又摇摇头。

李父生气了，拍着桌子厉声道："那你去做什么了？"

李白小声道："上山。"

李父眉一皱，冷笑道："上山游荡？你怎么还知道回来，索性住在山上吧。"

李白不语。

"你学剑术好交游，我不反对，只是不许你腹中空空在外丢脸，我的意思你不会不明白吧？"

李白依旧咬牙不语。

十几岁的孩子都是有些倔强的吧，何况李白又有极强的自尊，李父也明白，但他同样自信他的话孩子已经听进去了。

其实怎么能说李白"腹中空空"呢？他不过是不喜欢被约束而已，不喜欢书斋中那老态龙钟的先生，那摇头晃脑的“之乎者也”和那“尊尊亲亲”的大道理，所以只将大部分时间用以维护自己的执拗。何况若是只着迷仙道，李白或许会成为别的什么“仙”，却不会成为“诗仙”了。

从五岁习文起，所阅之书渐多，李白尤其着迷于汉魏六朝之文，而前人学书，首先要有一段临摹的功夫。李白拟魏晋六朝精华的《文选》，有大量“效古”“拟古”之作，比如司马相如、扬雄那气势恢宏、讲究铺排的大赋；层次错落，感情真挚的乐府；还有陶渊明的山水；谢灵运的五古……李白欣赏魏晋乱世中虽人生忧患但渴望建功立业的男子汉的抱负，还有那山水间放浪形骸的洒脱，所下功夫之深不言而喻。

也正因如此，才有我们所熟知的“铁杵磨成针”的故事。那磨针的老妪也许不仅仅鼓励了李白，同样证明了某个亘古的道理。

不能说没有某种赌气的成分，但更多的是对仙境的向往和天生的不想理睬后果的反抗本能，李白真的简单收拾了包袱，抱着自己喜爱的书，去岷山和东岩子学道了。想想那些奇异的鸟和云雾缭绕处仙人的洞穴，他便觉得异常兴奋。

在山中无拘无束的日子，除了练练剑术，他时常去戴天山的大明寺看书，沉浸于东岩子所藏的百家之典籍中，探寻道教修仙之术。他又常独自站在流水溪边写些工整秀丽的小诗，或是因感而发，写下包含感情的、拷问灵魂的文字，比如《寻雍尊师隐居》诗曰——

群峭碧摩天，逍遥不记年。
拨云寻古道，倚石听流泉。
花暖青牛卧，松高白鹤眠。
语来江色暮，独自下寒烟。

也许我们已能欣喜地看到太白风雏之态了。

很多年以后，他在《上安州裴长史书》中回忆说："昔与逸人东岩子隐于岷山之阳，白巢居数年，不迹城市。养奇禽千计。呼皆就掌取食，了无惊猜。广汉太守闻而异之，诣庐亲睹，因举二人以有道，并不起。此白养高忘机，不屈之迹也。"

自从广汉太守通过举荐"有道"的东岩子和李白替府中行事被东岩子回绝后，李白隐隐有了些别样的念头。

寒来暑往，山色更替皆有其美妙之处，何况那山顶云雾缭绕处的“洞天”始终是李白的向往。然而寂静的山林对于一个十七八岁血气方刚的小伙子来说，到底还是冷清了些，不然那斑斓的鸟儿为何一次次地飞来？

“鹏之背，不知其几千里也；怒而飞，其翼若垂天之云。……水击三千里，抟扶摇而上者九万里……”李白在山崖上大声喊着，全然不知道身后不远处的东岩子正静静地望着自己。

傍晚，李白呼鸟而喂，东岩子也拿着谷食走到李白身旁，张开了手掌。李白微微对东岩子笑笑，道:“道长，你看，这只白头翁都长这么大了。”

东岩子点头道：“不知何日可扶摇而上九万里。”

李白略有些窘迫。

东岩子笑笑，道：“我知道那梓州之地有位奇士叫赵蕤，颇通纵横之道、治世之学，你若有心……”

“是离这儿不远的梓州吗?”李白抢着问。他一向不太懂得掩饰自己的情感，但随后又觉得有些不好意思。

东岩子点点头，长长地吹了声口哨，鸟儿们

立刻扑棱着翅膀飞走了。他抖落手中的碎屑，轻声说：“回去吧，明天一早你便要上路了。”说着，东岩子转过身，慢慢走出了林子。李白望着他的背影，感激之余，更多的是心酸——仿佛要离开自己最好的朋友。

晚上，李白收拾好简单的行装，抱着一大摞东岩子的书来寻道长。

见到李白，东岩子淡淡地点点头，又淡淡地指了指装书的木箧便不多言语。李白几次想说些什么，却始终开不了口。

终于李白从那摞书中抽出一本，诚恳地说：“道长，这本书能送给我看吗？”

东岩子抬头，见是著名方士郭宪的《洞冥记》，渲染着一个个仙境和仙界有趣的意象，又以武帝、东方朔等为主人公，情节跌宕，文笔颇为精妙。

东岩子疑惑道：“你要学些处世之道、治国之理，怎么还对这仙道小说感兴趣？”

李白眼神明亮地抬起头道：“道长，岷山之巅我还未曾上去啊，道教所说世上的十大洞天和三十六小洞天我又去过几处呢？只是……男子汉大丈夫理当济世安邦，兼济天下，等功成名就之时再羽化而登仙，岂非人间快事！”

东岩子望着他写满豪情的年轻的脸，用别人不容易听见的声音叹了口气，轻声道：“《洞冥记》你拿去吧，往后自己多保重。”

李白点点头，退出门去，还是忍不住回头望了望东岩子，终于轻掩上了门。

一弯残月在阴云深处时隐时现，李白默立半晌，轻喃道：“保重。”

赵蕤的纵横术

父亲得知李白要去梓州学“治国之术”颇为高兴，不仅给了儿子一大笔银两，还将珍藏的龙泉剑给了他，又说派自家的马车送他去。

家人见了李白也都很亲切，妹妹月圆见了哥哥再也不跑了，母亲则不停地埋怨他老不着家，跟他父亲一样……

这让李白心里热乎乎的，隐约有些不舍。然而几杯酒下肚，他和几个兄弟宣讲了自己的豪情壮志，便又觉得这点情怀委实不算什么。

谁知道呢？也许下一刻想到岷山那些斑斓的

鸟，他又会伤感起来。

梓州与绵州相邻，在其东南。李白一路琢磨这赵蕤既有治国之才，为何不入仕为官？隐居蜀地岂不屈才？

年轻的李白还未曾知道，天下的屈才之人不可计数，又岂止赵蕤一个。

李白约略知道赵蕤所隐之地在梓州长平山一带，具体位置并不清楚。本以为这般名士一定有很多人熟悉，不料从佩玉带冠者到樵夫屠户一概摇头，李白只得徒步在长平山上寻找。

长平山不高，也没有险峻的山峰。“大概也没有仙人居住吧。”李白想。

天色渐暗，绕过一块横在山林中突兀在山道上巨大的岩石，突然出现一个简陋的草庐，李白兴奋起来。

李白叩门，无人应，自推而入，只见屋内陈设简陋，只有墙角的一张床，屋中有一张方桌。

借着昏暗的光线，李白依稀看见墙角的床上躺着一个人。听见动静，此人翻身坐了起来。

李白上前欲拜，一看，不禁好生失望——竟是个穿着粗布衣衫、不修边幅的胖子。

见到李白，此人仿佛并不吃惊，只道："不管小兄弟是谁，来了，就陪老夫喝两杯酒吧！"

李白一愣，又望望家徒四壁的屋子，道："我没带酒来。"

"无妨，我这儿有，"说着，便吃力地弯下腰去从床下拖出两坛酒，"来，坐！"

李白生性胆大，此时又走了一天山路疲惫不堪，又想这屋主人一定是久居山野无人说话觉得寂寞，便当真坐了下来。

此时天已完全暗了，胖子点着盏油灯，又不知从哪儿掏出两个破泥碗，"咕嘟咕嘟"将酒倒入碗中，推了一碗给李白。

李白小口地抿了一口，不料这酒竟出奇的甘洌香醇，索性仰头将一碗喝了下去，一抹嘴道："好酒！"

"哈哈……小伙子果然好品味，你可尝得出这是什么酒？"

"醇而不腻，甘而不腥，又有这特殊的香味……应是桂花酒了。"

"哈哈哈……看不出小伙子年纪轻轻真有两下子，你可是第一个尝到我这自酿的桂花酒的人。

来！多喝几碗。”说着，仰头将自己的一碗也喝尽了。

几碗下肚，李白只觉胃中火辣，暗忖：“若有些肉便好了。”却听那胖子突然说：“送肉的来了。”

李白吓了一跳，四下张望，只听一阵怯怯的敲门声。

胖子大喊道：“自己开吧！”

一个马夫打扮的人小心地推门而入，作揖道：“敢问……少爷，原来你在这儿啊！”看见李白，那人不禁大松一口气。

李白也很吃惊，竟是自家的马夫。

“少爷，老爷不是嘱咐您要是找到赵师爷就和我说一声，我也好回去通报。我在山下的马站等了半日还不见你，就自己寻上来了。”

李白一拍头道：“啊呀，我忘了。没事，你赶紧回去吧，我已到了。”

马夫唯唯诺诺地点着头正要出去。

那胖子突然大声道：“等一下，你去山下买二十斤熟牛肉上来，要小牛腰肉。”

“啊？”马夫抬眼望望胖子，又望望李白。

李白挥挥手道：“快去吧！”

"哦!"马夫愁眉苦脸地出去了，心想：老爷给的盘缠本想留些做私房钱的，这下全泡汤了。

"来，咱们接着喝。对了，你怎么知道我就是赵蕤?"

啊！李白心里暗惊，说道："其实我也不确定，不过是想让他快些回去让家里放心罢了。"

赵蕤点头道："我就喜欢说实话的人，这个徒弟我收啦，哈哈。"

李白又惊道："您……您又怎知我是来拜师的?"

"你东岩子师父几天前就让鸽子告诉我啦!"

李白心里一阵热乎，起身倒了一碗酒，郑重地跪地拜师。

这一拜将赵蕤弄得手足无措，忙扶起李白，连说："喝酒，喝酒，跪来跪去的是螃蟹。"

李白不禁也笑起来。

日子久了，李白发现赵蕤果然是奇士，虽然胖却擅长剑术，通王霸之道，所著《长短经》综合纵横家与法家，历史经验总结得颇为精妙。

师徒二人纵横古今之余，闲时以对剑为戏，闷时对酒开怀，也算忘年之交，说话自也无所顾忌。

至于入仕，虽说科举制选拔人才不问家世出身，只要能治国安邦、用兵打仗都可以应试，有的还可以得到重用——唐朝的高级官员从宰相到地方官员，多半是科举出身的。然而王霸之道多举战国治世之谋臣，这让李白觉得官是要做，只是绝不走科举这条平庸又拥挤的路。也不能怪他，在这山林之间听些纵横杀伐的历史、经世致用的正道，总像站在山端隔着云雾望向人间，感慨中有疑惑，尊重中有不屑，摩拳擦掌中有遗世独立，而那些疑惑、不屑和遗世独立，在还没遇到更多生长的机遇时，人总觉得自己有无限的可能性。

转眼一年有余，那些涉及战国、三国、南北朝几个混乱时期的历史事件及那些纵横捭阖的政治家，李白都能品评一番。那么，总该去"人间"看看吧？听说别人结伴从游，访名山大川，十四五岁便很常见了，而自己懒散于山林，偶尔会忘了还有大事要做……想着，年轻人征服世界的愿望蠢蠢欲动地激荡在他的血液中。

一日午后，二人酒足饭饱，在林中铺了张席，惬意地享受林中的绿意。

赵蕤换了个舒服的姿势，满意地说：“你看那日头多强，几层树叶滤下来，也便烤不热一块石头了。”

李白“嗯”了一声，似乎在想自己的心事。

赵蕤瞅了他一眼，伸了个懒腰道：“有个呆瓜不知在琢磨什么，我可不是呆瓜，我要睡觉喽。”

半晌，只听李白轻声道：“师父……”

一阵鼾声。

李白仿佛没听见，又仿佛自语道：“师父你多次赞扬诸葛孔明，无论处世治世都有其方，您隐居这长平山可是也在等待那‘三顾茅庐’的刘备?”

还是一阵鼾声。

“一定是了。”李白自己点点头。“唉……这得等到几时呢?”

“谁说的?”赵蕤吃力地坐起来，“谁说我在等?”

李白笑着看他，道：“师父，我知道你根本没睡着。”

赵蕤道：“诸葛亮原来也是一个隐士，走出茅庐，已知天下三分，刘备只当按其分析而做，已能成三分天下的霸业，这自然是个不错的榜样。如果说当年我初隐山林还有这般不甘，想走条‘终南捷径’，现在我可就真愿意守着我这间草庐这座山过日子喽。”说着又一头倒过去打起了呼噜。

李白轻声道：“不管师父想不想做诸葛亮，我却想做毛遂了。”

鼾声更响了。

李白对着赵蕤的耳朵喊：“师父，我知道你听见啦!”

转眼，秋气甚浓，厚厚的落叶仿佛连风都吹不散了。

李白一直在等。

他在等赵蕤对他说：“李白，你学业有成，可以下山去一展宏图了!”

偏偏赵蕤像什么事也没有似的。

这日，赵蕤提议二人下山转转，李白自然欣然而往。

市集果然繁华，李白许久未得“入世”，脚步虽稳重，心中却非常兴奋。

只见商铺鳞次栉比，街道车水马龙，不时看

见外国客商在选购货品。若是走累了，路旁小店还有“驿驴”供客租赁。

“师父，你看，那写着‘斗米十三文，面三十二文’，怎么这么便宜，这店铺还不见拥挤。”

赵蕤指指左边一家店铺道：“你看这儿。”

李白转头道：“天哪！这绢一匹也只要二百一十文！”

“好酒好菜也不会太贵的！吃多了山珍野味，咱们今天换换口味。”说着，赵蕤便拉着李白入得一家气派的酒楼。

酒楼里人声鼎沸。

李白拉拉赵蕤，道：“师父，座无虚席啊。”

“那酒菜必定不错。”赵蕤咧嘴笑笑，碰了碰身边一个与朋友未聊尽兴的客人，粗声粗气地说，“喂，吃饱了就挪挪地儿吧。”

那瘦小的客人见这么大一个胖子，旁边还有一个素白颜面、腰中佩剑的年轻人，没敢接茬儿。

没过几分钟，赵蕤和李白便坐下了。

一边喝酒，一边吃着店家的招牌菜，赵蕤问道：“此番下山什么感觉啊？”

李白道：“人说我盛唐富甲天下，现在看来，一个小小的蜀中之地都有这般光景，不知通都大邑又该是什么样了。”说着，一脸向往地眯缝起眼睛。

赵蕤摇摇头，叹了口气，道：“我是想提醒你现在一片太平盛世，做毛遂不合时宜啊！”

李白从对通都大邑的美好设想中回过神儿来，望着赵蕤有些沮丧的脸，半晌，终于开口道：“师父，乱世需要人才，太平盛世一样需要啊，难道皇上身边不需要宰相能臣吗？国家富了还要更富嘛。”

“你准备怎么当宰相？”

“推举啊，玄宗皇帝不是颁布诏书了吗？为搜罗天下有才之士，励精图治，凡是五品以上的官吏皆可直接向朝廷举荐贤才。我只需拜谒几个大人物，还愁没有伯乐？宰相张九龄不也是靠了广州刺史王方庆的推举嘛！”说着，李白的眼睛明亮如炬。

“你别忘了，张九龄可是在武后长安二年就考取进士的。”赵蕤叹声道。他知道李白的性情中有太多散漫的东西，纵然才思敏捷，但也就是聪明在才情，没将自己按在案头苦读的约束，很难一板一眼地适应政治的复杂，也很难审时度势、机警善变。

“师父，”李白放下筷子，似有些不快，“你是不信任我吗？”

“唉，我是怕你碰壁吃亏……当然你若执意要去，我也不会反对……算了算了，喝酒，喝醉了，让‘驴’送我们上山！”

“我想师父也不会甘愿自己的‘王霸之术’空留纸上吧！”李白不服地嘟囔着。

二人各怀心事，饮了一杯又一杯，直到二人一阵胡话后沉沉睡去，被店家令人拖入客房。

然而这已是他们最后一次一同饮酒。

第二章 吴楚漫游

天府“锦城”

开元八年（720 年），李白告别赵蕤，离开梓州，初游成都。成都不愧为“锦城”，单论满眼盛开的鲜花就已令人欣喜，也因此，“锦城”吸引了许多显贵与墨客，留下诸多绝美篇章。

相比很多人，李白的游历生涯要晚一些，这似乎也意味着他性格中有些培养自童年的天真情绪格外坚固。而他迈入第一个大城市的情绪是激昂的，是自信的——他觉得自己实在没有不自信的理由。他有钱有才华，身着白袍腰中佩剑，又有父亲嘱托可以照应的长辈。他也很快有了新朋友一起登楼赏花——散花楼便是一处。散花楼相传是隋末蜀王杨秀所建，四面皆景，极目远眺之时，阳光与江水相互映衬，远处的三峡雾气蒙蒙，远近交叠，气象万千。

登楼自然要赋诗，李白站在散花楼的最高处，只觉得豪情万丈，那是种超越人间万千琐事的豪情，一种抛却任何对未来不确定担忧的豪情，甚至是一种压根儿忘记未来的豪情。尽管那些喷涌的豪情凝成的句子还未达日后的功力，但依然值得记录——一个年轻人，虽然有一些初入江湖的拘谨，却依然有着试图伸展双臂触碰九天的样子：

日照锦城头，朝光散花楼。
金窗夹绣户，珠箔悬银钩。
飞梯绿云中，极目散我忧。
暮雨向三峡，春江绕双流。
今来一登望，如上九天游。

在离成都四十里的新都地界，李白听说当时文坛著名的“大手笔”苏颋出任益州大都督府长史，到成都上任，正在当地的驿馆休息。

李白稍有犹豫，又嘲笑自己担忧什么呢，于是辗转托人，引荐自己带着自己写的《明堂赋》

《大猎赋》去拜谒，希望得到苏颋的指点，若是能得到他的推荐就更好了。

其实李白并不是个莽撞的人，诗缘情，有情则有细腻。为了见苏颋，李白还是做了功课的，比如详细了解苏颋的过往。据说苏颋出身富贵之家，小时候却得不到父亲的疼爱，常和仆人们住在一起。但是他对读书很着迷，晚上，他想看书又不敢点灯，就会到马棚的炉灶边，把炉灰扒开，不停地吹，直到火亮起来。

“这样的人物，不做丞相也难吧！”李白想。

也许是重视后学，也许当真为李白的才气所动，苏颋同意了李白的求见。

苏颋读了李白的文章后，夸赞不已，说文章清新流畅，佳句不绝，只是风骨尚未形成，今后要想成大器，还需倍加努力。

还未出蜀便已有这般前辈的肯定，李白的自信终于有了一些飘逸之下坚实的东西。

然而随后的日子，李白一直没有得到音信，直到后来打听到消息，得知由于特殊的政治地位，苏颋选贤和爱才之愿慢慢消退，就连他已经写好了的《荐西蜀人才疏》也迟迟没有上呈。李白虽觉遗憾，并且开始发现人在“行路”时风云的莫测，但他依然是有一些快活的，毕竟，有些认可本身就已经是很大的鼓励了。

丹丘生

路当然还得继续走，李白心里心心念念的总有山中的道观，想来这峨眉山也算道教名山，不如趁着出行的机会去峨眉一览。

峨眉山果然高邈，仿佛直入云霄，那苍劲山峰的轮廓也仿佛依着天际的线条用宝剑辟开。仰头，阳光直射，深浅不一的绿和点染在绿中万紫千红的花仿佛仙人用笔画出的。

“这也许是真的仙人之境了吧，也许那紫霞升腾的地方正有吹着玉箫的或是在石头上奏着琴的仙人呢。”李白想。他轻轻闭上眼睛，想象自己也在云间自由地穿行，这让他仿佛很快忘掉某些失落，又重新充满了力量。他抚了抚腰间的宝剑，又迈步继续上行。

行至山腰，好不容易看见一段相对开阔的山路准备歇歇脚，却发现路边一个年轻人正拿刀雕着什么。他的神情那么专注，苍白的脸上有汗珠滑下。

李白忍不住凑上去。羊！这个年轻人居然在雕羊。

他颤声问："你的羊卖吗？"

"卖，为什么不卖？"

"你……便是骑羊子葛由吗？"

那男子抬头看了看李白，被他单纯而明亮的眼神触动，轻声说："不……我不是……我不过是想和他一样在这峨眉山得道成仙罢了。"

李白吁了口气，在年轻人身边坐下，道："原来你和我一样啊！"

"你是道士？"那男子看了看李白腰上的剑，问道。

"当然，十五岁便入道了。"李白大声说，觉得这个年轻人不可以小看自己。

"我一出生便入道了。"那男子说。

"哦？"

"我是紫阳道长养大的。"提起紫阳道长，男子的声音里充满了感情。

李白也不知这紫阳道长是谁，只管点了点头，又道："你叫什么名字？"

"元丹丘，我同师父从湖北随州来这儿修道，你呢?"

"李白，字太白，我……我也是修道，还想看看仙人的洞窟。"

"既是同道中人，这只木羊给你吧。"说着，丹丘子将刚雕好的一只木羊递给了李白。

李白接过木羊，不禁赞叹："你这羊还雕得真不赖。昔日骑羊子葛由成仙时有大批王侯将相跟着他一起成了仙，他日你若得道，别忘了告诉我一声。"说着，他起身拍拍衣服，对丹丘子挥挥手道："再见啦，丹丘生，天宫见。"

丹丘子亦笑着向这看上去桀骜不驯、眉宇间尽是潇洒的年轻人挥了挥手。"李白，后会有期。"

李白打定主意，日后一定会去随州看看。

谁知竟无须日后，当晚，李白与丹丘子便又见面了。

峨眉山上果然有很多洞窟，有的堆满嶙峋的怪石，有的长着晶莹剔透的钟乳……他走走停停，不知不觉，天已完全黑了，依稀望着山的轮廓，这里离峨眉山巅看上去也不过百步了。

李白找了块平坦的山石坐了下来，他又看见

月亮了。仿佛只有在空旷的地方那轮月才是自己熟悉的，那么大，豁然呈现在眼前，不留一点儿余地，将一切笼罩在温柔的银色光辉之下。李白呆呆地望着它，这峨眉的月和塞外的月一样摄人心魄，只是这峨眉月仿佛更多了那么一层袅袅缭绕的仙气，或者说，多了那么一些神秘。

天越来越冷了，毕竟已经是冬天。李白拉了拉衣领，还是觉得冷，便决定往回走走寻间道观或寺庙借宿一宿。

白天仿佛见到很多道观，此时竟一个也看不见，山林深处有阴森的狼嚎传来，林中还不时有不知名的鸟发出的凄厉的叫声。李白在山路中绕来绕去竟仿佛迷了路。他有些着急，忽然，只听一阵悠扬的箫声响彻山林，在这温柔的月色下格外悠扬。李白顺着箫声走去，不一会儿便隐约能看见一间亮着油灯的竹屋，不禁加快了步子。

“是你啊！”李白松了口气，那一袭白袍在月光下吹箫的正是丹丘子。

“迷路了吗？这山林多歧路，还是小心些好啊。”

“怎么会迷路？哈哈。不过是赏月行至此处。”

丹丘子笑笑道：“进屋暖和一下吧。”

屋里燃着炉子，炉子上温着一壶茶。

李白在床边坐下，道："怎么只有你一人？你师父呢？"

"在峨眉山汤真人那里。"

李白点点头道："有酒吗？"

丹丘子自屋中取出一坛酒，李白正要接，丹丘子道："不行，伤胃，得温一下。"

李白未料到丹丘子竟也有这么好的酒量，自己已有三分醉意，人家却连脸都未红。

醉眼蒙眬中，二人一言一语竟将自己的身世抱负都讲予对方。尤其是李白，提到大漠便眯起眼睛仿佛眼前真的出现黄沙漫漫，提到自己的青云之志，便站在榻上做鹏鸟展翅状，或学胡姬跳舞，或比画着青龙宝剑呼道："笑尽一杯酒，杀人都市中……"

丹丘子自言自己是孤儿，紫阳真人就是自己的亲人了，所以只愿一心学道，早日修成。

提到身世，丹丘子还是有些情绪低落。

李白安慰他："你往后不是又多了我这个弟兄了吗？无论何地，你若有用得着我的地方，只需托人带个信，哪怕我当了宰相也会飞来的！"

丹丘子举杯道："兄弟的话也是我要说的，以后到了湖北就托人带信给我。"

两人直至实在不胜酒力沉沉睡去。

翌日醒来已近中午，李白自知必须告辞了。丹丘子自也不便挽留，只将他送下山，末了又一曲洞箫送李白远去。

李白回头，丹丘子依稀只剩一个身影，然而箫声却依然可辨。李白心中感动，突然明白，原来那晚的箫也是为了给自己引路啊。

东出三峡

此后，李白以游历为主，率性而为四处行侠仗义，朋友倒是交了不少，只是盘缠早已散尽——身上背巨额赌债的唐公子当时被追得狼狈，若非自己出手相救又送了他许多银两，只怕他早已被打个半死了；还有那个和自己畅饮达旦的老吴吴指南，还说老来在山中结伴修仙，不料那么快就去世了。

还有，李白多方上书求举荐却石沉大海。

最失落的是在渝州谒见当时的大名士——书法家、文学家的渝州刺史李邕。不料李白受李邕冷遇。李白本就桀骜，讨厌李邕轻视后学，半夜在房间翻来覆去气不过，喝了半壶酒——盘缠少了，酒也不是最好的酒。然后他毫不客气地作诗一首作为回敬：

大鹏一日同风起，扶摇直上九万里。
假令风歇时下来，犹能簸却沧溟水。
世人见我恒殊调，闻余大言皆冷笑。
宣父犹能畏后生，丈夫未可轻年少。

开元十三年（725 年），李白怀着“欲将书剑报明时”的愿望，东出三峡。

船缓缓向东而行，送别了嬉闹喧哗的朋友，白日的亢奋安静下来，李白独自饮着酒。那半轮皎洁的明月升起在秋天的峨眉山，他呆望半晌，突然摇着头，想想自己这些年都干了些什么呢？说是个侠客倒不为过，想起来也还是会觉得任情任性是一件自豪的事，可是，这就是自己要的吗？他抬头怔怔地望着月亮，视野中还有峨眉山隐约的轮廓，他叹口气，想着要是丹丘子在就好了。

思绪纷飞，酒至微醺，他找出行囊中的纸笔，在微有些摇曳的船舱中铺平纸，借着油灯，提笔写下：

峨眉山月半轮秋，
影入平羌江水流。
夜发清溪向三峡，
思君不见下渝州。

写完，他轻轻叹口气，又给自己斟了杯酒。

恍恍惚惚间，李白也不知自己是否睡熟，再一睁眼，天已亮了。水流明显加快了速度，船也轻快如飞，然而三峡依然耸峻，两岸高木猿鸣，依稀能听见那浣衣的巴女吟出的曲调。李白顺着那曲调随口唱着：“巴水急如箭，巴船去若飞。十月三千里，郎行几岁归？”是啊，又要开始新的征途了，此番一去，什么时候会回来？

“客官，前面就是荆门山了！”船家对李白说。

李白放眼望去，只见那崇山峻岭渐渐消失，眼前出现了一望无际的广阔原野，长江奔腾而流，仿佛流入荒漠远远的原野，而天边那丛生的云也仿佛缔结着海市蜃楼。

他又回到船舱，看看昨天的《峨眉山月歌》，轻声道：“也许真的该告别了……和我的蜀地。”

只是人还是会舍不得这来自故乡的水，借着昨晚的酒气，神思依然飘飞的他又提笔写下《渡荆门送别》：

渡远荆门外，来从楚国游。
山随平野尽，江入大荒流。
月下飞天镜，云生结海楼，
仍怜故乡水，万里送行舟。

写完，他展了展筋骨，好诗总是在情绪饱满的时候接踵而来，为此，他简直爱上了忧思和无奈——如果它们能给他灵感。他重新极目远眺，只觉得江面开阔，眼前是前所未有的平坦空旷。这让李白乐观起来，他想起自己曾对东岩子说的“这大小的洞窟我又去了几处呢？”还有丹丘子，他也该回湖北了吧。想到这里，李白对着江水举起了杯——这一路大概是不会寂寞的。

江陵便是今天的宜昌，湖北西南。

一至江陵，李白便托人带信给丹丘子，不几日，丹丘子便从随州赶来。几年未见，李白依然是桀骜的表情，明亮的眼睛，丹丘子也依然是素白的温和的脸，然而见到对方，两人充满了亲切和信赖。

自然，喝酒是少不了的。有朋友在，那普通的酒仿佛也比自己一人饮来甘洌了不少。

丹丘子知道李白干谒不遇，突然想起什么似的道："司马承祯去游南岳，此时正经过此地。以你的经历和个性，也许和他谈得来。"

司马承祯自号白云子，出生于仕宦世家，饱读诗书却不愿为官，且对老庄之学造诣尤深，在二十一岁时出家当了道士，一直隐居在天台山玉霄峰，但因为见地高远，声名远播。

唐睿宗在位时，曾听闻其名，于是召他进京向他求教阴阳术。当时他深受睿宗赏识，睿宗封他官爵希望他留下，但三个月后，司马承祯就辞官回到天台山。李隆基即位后，又两次征召司马承祯为师为官，但司马承祯不愿接受。

"所以，你是说差点儿当了帝师的司马承祯?"李白有些兴奋起来，心里觉得他和东岩子一样都是道士，修道有成同样可得朝廷之信，岂非正合己意?

"是。"

"帝师，也和宰相差不多了吧。"

不久后，李白以求道之名拜见司马承祯。

司马承祯处平日来客络绎不绝，宾客满座，但所求多是黄白之术、声名之利，所谈也常是俗套虚文，于他虽不难应付，但也觉得琐屑充盈，不得清净。

正感疲倦之际，他看到李白的诗文，读至《登峨眉山》一诗后，有些激动起来。本以为“云间吟琼箫，石上弄宝瑟。平生有微尚，欢笑自此毕”之后，总该是沉稳乃至沉郁，不料尾句落在了“倘逢骑羊子，携手凌白日”，仿佛一骑烟尘，重又凌空欢脱起来。

司马承祯读得开心，觉得此人既有天赋也有功底，更关键的是，李白这个年轻人似乎心神并无困于躯体。虽说初出茅庐者多意气风发，要不了几年便谨慎谦卑、小心翼翼起来，但李白似乎能超越这一切，能展现出潇洒劲儿。这就有意思了，于人海众生而非山林中修道，终不为物所役，岂非也是自己向往的境界？只是自己对政治终究还是热情不足，但不意味着他不希望看到有人真正超越于表象，成为一个能够在精神和现实乃至政治世界取得平衡的人——或者这个年轻人真的可以融汇孔庄，成为独一无二的大智慧者？

及至见到李白，司马承祯更觉欣喜，李白身上的自由气质与眉目间的洒脱，更像是天宫之人来人间游赏。他告诉李白：“君家有仙风道骨，可与神游八极之表。”

李白很激动，觉得司马道长虽然年迈，身体却依然硬朗，行步之稳仿佛连衣袂都不动，不愧为皇上敬重的人。

司马承祯说：“现在天下正处盛世，总需要有才识的人能不拘一格做些事情。你有才学，还能超脱一些事，放手去干，等你在天子身边替百姓做些有意义的事，回头再来天台山找我，一定有很多感慨。”

李白心中忐忑，觉得这么看来，司马承祯也认可能够一边出仕一边追求道学，越想越激动，深深感谢前辈的鼓励。毕竟，这么久以来，虽无动摇求仕的信念，但偶尔也会疲累，想至此，李白对司马承祯深深作揖。

司马承祯笑道：“岭上白云，松间明月，无往而不相逢。”

李白沉声道：“功成，名遂，身退，谢谢您的鼓励。”

李白回到住处，一连数日，回味着司马承祯对他的指点和赞扬，无比兴奋，觉得那些终日遨游在九天之外的情绪终于被理解，被鼓励，他要写一首《大鹏遇希有鸟赋》。《神异经》中所说的希有鸟，张左翼覆东王公，张右翼覆西王母。那么厉害的希有鸟，眼光超然，若要获得它的赞许，需得“逍遥”之鹏——“此二禽已登于寥廓，而斥鷃之辈，空见笑于藩篱”，并且所有“吐峥嵘之高论，开浩荡之奇言”，只有彼此能够理解。而山岳四海，对真正的鹏来说，是多么渺小，它的心在飞扬、在流动，当它回旋于天际，无论是开天辟地的盘古，还是射日的后羿，都会目瞪口呆，巨鳌海怪也会缩头缩脑不敢出来，哈哈哈哈……挥毫之后，李白眯眼端详着，咧嘴笑着。后来李白把它的名字改为《大鹏赋》。

这时，追求“神游八极之表”的不朽的世界和那经国治世的愿望一道，从未像现在这样让李白心潮澎湃。

只是……只是，向上的路依然没有铺开，不急，李白劝慰自己。“东涉溟海”的夙愿还未实现，江山大川还未尽览，吴越之地还需留下笔墨，

而那里据说山水清丽，写满了文人雅士的风流韵事，亦有诸多名山有神仙留驻……

李白决定离荆门东行去金陵。谢朓的《入朝曲》有言："江南佳丽地，金陵帝王州。"有典故说："昔楚威王见此有王气，因埋金以镇之，故曰金陵。"至唐代前，金陵已经历"四十余帝三百秋"。

不过李白下荆州时说"此行不为鲈鱼鲙，自爱名山入剡中。"他还是在为那里的神仙洞窟蠢蠢欲动。

等到了金陵，李白发现这里除了山水如画，酒馆里的酒菜精致可口，人情也很善感细腻。他信马由缰，穿行在金陵的大街小巷，依稀听见深巷窄弄里的女子总喜欢咿呀地唱着吴歌西曲。我们今天无法知道谁家的女子眉间眼角流转的故事引起了李白的好奇，奔放如他，却在那样的情绪里安静下来。他突然发现自己从来都是个善感和细腻的人，只是出门在外，豪放和行侠是种傻乎乎的快乐，喝醉了，是是非非以及偶尔的嘲笑也可以假装听不见看不见。然而他见到一个金陵的女孩子，小心翼翼揣着自己的情绪，期盼着某封可能来也可能不来的信。李白在一个阳光明媚的午后以旧题乐府写下了《长干行》：

妾发初覆额，折花门前剧。
郎骑竹马来，绕床弄青梅。
同居长干里，两小无嫌猜。
十四为君妇，羞颜未尝开。
低头向暗壁，千唤不一回。
十五始展眉，愿同尘与灰。
常存抱柱信，岂上望夫台。
十六君远行，瞿塘滟滪堆。
五月不可触，猿声天上哀。
门前迟行迹，一一生绿苔。
苔深不能扫，落叶秋风早。
八月蝴蝶黄，双飞西园草。
感此伤妾心，坐愁红颜老。
早晚下三巴，预将书报家。
相迎不道远，直至长风沙。

一个人写下的文字总是随着境遇的不同有所变化，吴越的缠绵也让李白的情绪复杂起来。他九霄云外的思想开始落在了一花一木一抹伤心的胭脂，或是一些古迹，一些经由人，而不是神仙构筑的历史，甚至开始思考成家和立业的关系。他开始觉得人生机遇或许不能等，得自己寻找。

于是李白在杭州、苏州等地创作了许多诗篇——《越中览古》“宫女如花满春殿，只今唯有鹧鸪飞”、《苏台览古》“只今惟有西江月，曾照吴王宫里人”等。今天的我们能看见诗章中俯仰古今时的见景伤情，以及某种眷恋而又伤感的情绪，我们会说李白还是李白，仍然浑然一体，古今一气，但他的愁绪终究还是不经意地露了出来。

行至扬州，李白遇上一些朋友，白日里仍然任情纵意，宴饮歌舞——他从来都是个爱玩儿又慷慨好施的人。只是，他很快便发现自己钱财渐空，之前父亲又给了银子，说是知道从游拜谒总是有所消耗，可惜钱快用光了，前途依然未卜。

生活趋于窘迫，情绪自然也低落，又加上自己这几日生了病，百无聊赖又倍感焦虑之际，李白不管不顾地一人喝酒。也不知道是不是因为口苦，只是那酒却出奇的苦涩，他心想：唉……看来当年和赵蕤纵情山野的日子当真是寻不回来了，也不知赵蕤怎么样了……想着，他起身寻笔，却因虚弱而踉跄几步，终于铺开纸拿着笔。他依然很生自己的气，但他又不是个会写气馁句子的人，所以他提笔写道：

吴会一浮云，飘如远行客。
功业莫从就，岁光屡奔迫。
良图俄弃捐，衰疾乃绵剧。
古琴藏虚匣，长剑挂空壁。
楚冠怀钟仪，越吟比庄舄。
国门遥天外，乡路远山隔。
朝忆相如台，夜梦子云宅。
旅情初结缉，秋气方寂历。
风入松下清，露出草间白。
故人不可见，幽梦谁与适。
寄书西飞鸿，赠尔慰离析。

是啊，楚国伶人钟仪被囚于晋国，仍在狱中戴着南冠，弹奏着楚国曲调；越人庄舄，到楚国做官多年，到病时在床上仍是满口越语，没有楚声……游子在落魄时总会格外想家吧。何况李白壮志难酬，此番又花光了银两，连客栈的小二也不恭起来，不禁觉得悲哀。

他想找一个地方歇脚了。

第三章
酒隐安陆

“太常妻”

安州安陆郡在今日武汉市之北部偏西，因地处交通要道，南来北往的文人雅士常在这里聚会碰面。安陆向南就是古之云梦泽，今岳阳一带。云梦面积很大，楚辞与汉赋中经常提到，这里上承巫楚之风，颇具奇幻色彩。若是再往南，又到了屈原所沉的汨罗江。

这里人文荟萃九省通衢，李白觉得若求结交朋友或是干谒名家，长居于此也是好的。

定居安陆后，有朋友撮合他与许家结亲。

“许圉师？可是做过宰相的许圉师？兴许可以拜谒！”自金陵回来，经历过几场不靠谱情缘的李白也决定安定下来了，于是倒也态度积极。

“他已不是宰相，但朝廷应该还有他熟悉的人，你若娶了许家的孙女，他肯定替你操心。”

李白哈哈一笑，想来许圉师在江湖中也没什么影响力，何况自己的性格，若是指望裙带提携，以后写起诗都得像大鹏折了翅膀般憋屈起来。

有朋友也劝阻他：“异乡娶亲，平白落个入赘的名声有损气概，何况许家名声并不好，许圉师当年因儿子杀人遭贬谪。”

这后半句反激起了李白的逆反心——已经是爷爷辈的事，与后人何干？

历史并没有记述李白有过怎样的纠结，只知道他们感情不错，许氏知书达理，性情贤淑，并非俗物，而且她理解李白有时候近乎孩子气的行为——结了婚很高兴，要喝酒；来了朋友很高兴，要喝酒；认识了一个很顺眼的新朋友，要喝酒；写出了很棒的诗，当然必须要喝酒。

为此李白写过一首《赠内》给妻子，说“三百六十日，日日醉如泥。虽为李白妇，何异太常妻”。太常是后汉一个三百六十五天不是在宗庙斋祭就是烂醉如泥的家伙，他的妻子一年到头都见不到他的身影。李白的诗句看上去像是表示了自己的内疚和自责，但更像一种“撒娇”，那种李白身上特有的傲娇。他知道自己贪玩儿，他很感谢妻子的包容，感谢她知道酒是自己的“灵感”。李白很珍惜自己的妻子，尤其当她偶尔也会提醒他注意身体，注意外出讲话不要太出风头的时候，他就格外内疚。

于是，为了更理想的生活，李白马不停蹄地拜谒求见安州的高官。

然而干谒过安州的李长史、裴长史、安州都督马正会等，自觉姿态很低恳求举荐，但均未果。

想来也许怪不得别人，一来李白入赘相国府本就给素来瞧不惯他张扬个性的人留下话柄；二来论相貌行为，大唐虽开放包容，但李白实在不像个踏实干活的主儿；三来李白个性强硬，自荐信虽文采斐然，在别人看来依然过于豪放，一看就是个飞得出去便收不回来的家伙。何况他时常赞美过对方之后，末了来一句：“我都夸你这般了，你若还不买账，我会出于礼貌拜访你，然后头也不回地去长安。”或是“即使我表现得很恭敬，也不代表我向你臣服!”这样的口气，常让举荐的官吏哭笑不得，觉得这哪里是求举荐，简直是显摆。

不过也有例外。其中有个裴长史其实还蛮喜欢李白的，当时正好皇上再三下求士之诏，安陆这个地方也不曾荐举过一个人，只是有些人早已看不惯李白的狂放自傲，所以跑到裴长史这里造谣生事。他们一会儿说李白冒充宗室王孙，招摇撞骗，一会儿又说他卖弄斯文，情史混乱，还是杀了人畏罪潜逃到安陆来的。

裴长史有点儿动摇了——自己跟李白相交不深，自己好不容易一步一步爬到长史的官职，要是哪一天因为谬举，皇上降罪到自己身上，实在得不偿失。自己跟李白非亲非故，干吗要蹚这趟浑水？

就这样，荐举李白一事就杳无音信。随后李白几次去都督府求见裴长史，每次得到的回答都是：长史身体欠佳，谢绝见客。

李白是性情中人，人家不买他的账，他自然要发发牢骚，失望骂几句人，尤其想着那个以狡兔三窟之计救了孟尝君的冯谖当年弹剑铗而歌被孟尝君收留赏识，自己怎么没有这种好命？但是，哼，你不理我，我还懒得理你呢！李白写下“白即膝行于前，再拜而去。西入秦海，一观国风。永辞君侯，黄鹄举矣。何王公大人之门，不可以弹长剑乎？”几杯酒后，李白又飞回到自己神仙的梦境，何况楚地人杰地灵，总有名山名士让人高兴。

孟夫子

此时，孟浩然正在襄阳鹿门山隐居。

孟浩然是襄州襄阳（今湖北襄樊）人，盛唐早期的著名诗人。和李白一样，孟浩然也希望“学成申鲍术，货与帝王家”，但他出身门第不高，难有腾达机会，自己也不是很喜欢投机钻营，尽管诗名动天下，却始终还是一介布衣。

孟浩然大李白十二岁，诗风截然有异。孟诗淡远高朗，风神妙雅，李诗则气势如虹，犹如奔腾的波涛。确实，他磅礴的情绪太多，总是得大江大河、银河九天才能宣泄。然而两人亦有共同的地方，就是喜欢隐居在风景优美之地而又不忘出仕。只是孟浩然虽早年有用世之志，但因政治上失意，最终以隐士自居。

此时李白已小有诗名，二人神交已久，只是还未见过面罢了。此番李白登门拜访，孟浩然自然极为高兴。

孟浩然笑容可掬地站在自家门口，远远看去，只见李白举手投足自有一番潇洒，且老远便朝着自己挥手。孟浩然笑笑，也朝他挥手致意。

仿佛老朋友似的，李白递上两坛酒道："尝尝我们安陆的酒合不合你的口味。若是喜欢，下次运一车给你。"

孟浩然笑着接过酒道："果然是'宣父犹能畏后生，丈夫未可轻年少。'看来今天可得一醉方休啦。"

李白随孟浩然入得庭院，只见那几方菜畦之外便是满院的鲜花，忍不住笑道："这些可正是那'不知落了多少的花'？依我看，它们可开得正盛呢。"

孟浩然摇头道："不行啊，人老花也老了，只能依着一方水土过过清静日子了。"说着，令人拿了酒樽过来，亲自满上，递予李白。

李白举杯道："清静日子有什么不好，我若有颗平和之心，倒真愿过这醉饮山林神仙般的日子。”

孟浩然笑了道：“我也是过了这么多年才有这平和之心啊。来，为平和之心干杯。”

两人推杯换盏，毫不矫饰地讲着心里话，大有相见恨晚之势。

不一会儿，李白便觉酒劲儿上头，忍不住来了诗性，他拍着胸脯道：“大哥人中之仙，小弟我要送您首诗。”

同样满眼醉意的孟浩然令人呈上纸笔，李白挥毫写下《赠孟浩然》：

吾爱孟夫子，风流天下闻。
红颜弃轩冕，白首卧松云。
醉月频中圣，迷花不事君。
高山安可仰，徒此揖清芬。

孟浩然捧诗而阅，自语道：“‘轻时鄙视功名，暮年时又寄情山野，临风赏月，不事君主，迷恋花草，自成品格……’哈哈，太白诗真是风神疏朗，好一片飘逸洒脱之气。”

李白醉眼蒙眬，高举酒杯道：“难道夫子竟不觉自己飘逸洒脱？”

孟浩然指着诗道："我是说你这诗写的，你看看，不拘格律，又浑然统一，天才啊……"

两人笑着你一言我一语，大都是惺惺相惜之语。直至夜深，两人伏在桌上沉沉睡去。

接连数日，两人一起庐中饮酒对诗，外出游山玩水，偶尔谈及仕途时，李白仍愤愤不平，孟浩然却一笑了之。

也许正是因为孟浩然的淡泊名利、不慕权贵契合了李白骨子里对神仙自由的向往，然而他始终不甘心自己一辈子只在笔砚间求生活。比起姜尚八十才遇到周文王，高阳酒徒郦食其落魄多年才遇到汉高祖，此时的李白建功立业为时未晚，只是诗文对他来说也是少不了要写的，不写真的浑身难受。他始终是这样——既追求诗情画意，又追求大鹏展翅。他要尝遍各种各样的生活，才觉不枉此生。

这日，孟浩然在襄阳府做官的朋友来访，三人正好一道饮酒话诗。这人无意中提到当今皇上求贤若渴，朝廷设置了十道采访使，有才之士可通过自荐实现个人的宏愿。并且，设置在襄阳的采访使是大都督府长史韩朝宗。

韩朝宗在有才之士的眼里极其有名，因为他以善举人才、提拔人才闻名朝野。当时，流传着一个说法："生不用封万户侯，但愿一识韩荆州。"

李白正待细问，却见他二人相视大笑，连杯中的酒都泼了出来。

李白莫名其妙地望着二人。

友人忍不住笑道："太白兄，有所不知，昔日韩朝宗极为欣赏孟夫子的才识，一次与他相约京师，准备向朝廷推荐。临到出发时，孟夫子来了一个友人，两人饮酒谈心，其间友人多次提醒孟兄与韩朝宗相约的时间快到了，叫他早点儿离开，可孟兄却置之不理。正喝至兴头儿上便道'不急，不急！'直到一看过了点儿，又道'都喝成这样了就接着喝吧。'——自然惹恼了韩朝宗，结果可想而知。事后酒醒，孟夫子还手舞足蹈地说'酒喝开心了便好，这有什么后悔的。'"

李白也笑了，但他知道，若是自己，应该还是会后悔的。

接下来，李白又一次"委屈自己"写了著名的《与韩荆州书》毛遂自荐，表白了自己的志向和才能，还使劲儿赞扬韩朝宗举贤任能的美好品德，只是言语间依然气势磅礴。作为文章，实在是让人心服口服，作为求荐书，还是有点儿少有“余地”。韩朝宗阅罢，陡生怨怼之情，掷书于地，不予理睬。

事实上，在官场中摸爬半生的人，看到李白是会觉得可笑的，谁也没胆量向朝廷推荐这样一个“倨傲”的人。他身上那种天真和诗文里不着边际的想象，注定不会给人以信赖之感，虽然他确实有一派热情，但他不是那种周全的人，也不适合做一个“体面”的、“规矩”的人。

李白因此事大为沮丧，他觉得能够写诗并不是多么了不起的一件事，那些譬喻和别人尤其是后世人看起来了不起的句子，不过就是腾飞在脑子里的形象。他召唤它们太过容易，何况会写诗的人太多，他几乎觉得是个人掌握些用词规律都能写出几句。可是，如果真的能在官位上做些什么，那么他心中的理想就有了切实的转化，就好像空虚之物有了坚实的依托——即便有悖于常理，连司马承祯也未做到，但一个浪漫到极致的人就是这么不服气所谓的经验。

他想西入长安另求出路了。

很快，妻子收到了李白寄给自己的诗：

阳台隔楚水。
春草生黄河。
相思无日夜。
浩荡若流波。
流波向海去。
欲见终无因。
遥将一点泪。
远寄如花人。

许氏在诗中看到了李白有一点儿颓废的情绪，尽管依然带着一点调笑。她有些着急，更是担心，但她什么也没说，没说自己生了重病，没说女儿已经学会说许多句子。她不愿催促丈夫回家，她希望他的才华和抱负可以实现。

黄鹤楼送别

此番孟浩然准备在扬州住些日子，一来应故人之邀，二来广陵也是富庶之地，文人墨客居家久了，总想出去走走。

两人在江夏一家小酒馆里，不远处便是黄鹤楼。

相传黄鹤楼在三国时候建成，背依蛇山，前瞰大江，飞檐彩柱，辉煌壮丽。

李白很喜欢黄鹤楼，因为传说有个爱喝酒的客人，常在这江岸的酒家喝酒，喝多了又没钱，老板便不收他的钱。他醉着酒嘻嘻笑着，画了一只黄鹤在墙上，黄鹤扑棱着翅膀飞下墙壁跟着大家起舞。那人走了，人们都来这里看会跳舞的黄鹤。老板生意兴隆，建了一座楼名为黄鹤楼。过了十年，那人回来酒家，骑着黄鹤飞走了。

李白喜欢这个传说。

他和孟浩然找了一个江畔的酒馆。

孟浩然夹了一块鱼给李白道："你尝尝，想不到这小馆子的鱼做得还不错。"

李白点点头说："以后你可吃不着了。"

"扬州的鱼也不会差嘛……倒是你，也不知到了长安有没有人会和你吃鱼……哈哈，你看我，当年'气蒸云梦泽'的气势没有了，就当是骑鹤西去了……"

李白有些哀伤地望了他一眼，这么久以后，李白明白孟浩然的抱负不在自己之下，不过相比官场的尔虞我诈，他宁愿选择花花草草罢了。

“真不知道我此番去长安会有什么结果。”李白道，将杯中的酒一饮而尽。

“你会比我走运的，放心吧。”

送孟浩然上船离开，船帆一点点消失在天际，仿佛就这样消失在晴空里，只有黄鹤楼临江而立。

李白回过头，只觉得心里空落落的，回到客栈，提笔写下《黄鹤楼送孟浩然之广陵》：

故人西辞黄鹤楼，
烟花三月下扬州。
孤帆远影碧空尽，
唯见长江天际流。

写罢，李白便坐在客栈望着窗外的江水，整理自己混乱的思绪。

忽然，喧闹之声打断了他的思绪。

一个苍老而疲惫的声音问道：“朱鸢（属交趾郡，今属越南）还有多远？怎么走了这么久还没有走到？”

“别啰唆了！”一个声音恶狠狠地说，“本来送你去朱鸢就是吃力不讨好的事情，这一路都累死我了，还要听你抱怨。”

李白循声而至，只见一白发长者神态落寞地捧着一个馒头，而一个官差模样的中年男子正大口吃着酒肉，不时对长者恶语相向。

李白素好打抱不平，见此情景哪还忍得下去，掏出为数不多的银子拍在桌上，高声道："小二，给这老人家上些热饭热菜！"

"好嘞！"小二捧着银子一溜烟儿地跑入后堂。

"你是谁？多管什么闲事？"官差怒而起身。

"我还想问你是谁呢，有这么对待老人家的吗？"

"他是朝廷罪臣，有口吃的都不错了！倒是你，莫非是他漏网的同党？待我禀告朝廷连你一起拿下……"

李白拔出剑，抵在那喋喋不休之人的喉咙上，沉声道："回你房间去，别再出来。"

那人见李白动真格的，不敢多说什么，只得转身回屋，还恶狠狠地瞪了李白一眼。

李白与那老者相向而坐，替老者满上一杯酒，轻声道："喝点儿酒暖暖身子吧。"

老人捧着酒杯，突然，两行热泪滚落，半晌，哽咽着说："谢了。"

李白摇摇头，道："敢问您是？"

“宋之悌！”

“宋之悌！可是剑南节度使宋之悌？”

老者点点头。

“缘何竟遭贬黜？”

“替人进言，又遭诬陷而已。”

李白长叹一口气道：“小人……又是小人，天底下缘何有那么多小人！……您哥哥呢？宋之问先生的大名好久没听过了。”

“他早已去世了，你熟悉他的诗？你是？”

“李白，字太白。”

“李白，‘山随平野尽，江入大荒流’是你的句子吧，李白……李白……”老者打量着眼前这个三十出头的男子，看着他真诚而明亮的眼睛，感激地笑了笑。

“宋老前辈，不如您现在就走吧！那朱鸢之地肯定荒蛮，您上了岁数，不能再折腾了，那官差我帮您挡着。”

宋之悌摇了摇头，道：“他只是欺欺‘平阳虎’罢了。去朱鸢我倒是不怕，怕只怕你这样的年轻后辈为我这把老骨头搭上了大好前程。”老者凄楚地笑笑。

李白望着他憔悴的脸，心中悲伤，却不知该如何安慰，只与他一杯又一杯地喝酒，仿佛只有这般才能宣泄无法言说的憋闷。

天亮了，那官差推醒伏在桌上的宋之悌，恶声道："该上路了！送了你，我还想早些回来呢。"

李白也被惊醒，望着被推搡的老者，摸摸口袋，竟无一两碎银，便扯下身上的玉佩趁那官差结账之时塞入老人手中道："路上换银子买些东西吃。"

老人又流出了混浊的泪，使劲儿握了握李白的手，道："若有来生，一定报答！"

李白回到房间抑制着自己澎湃的血液，瞭望着滚滚逝去的江水，抑制不住自己的热泪。人生便是如此吗？浮云聚首，然后各自迈向不同的命运，只不过有些命运太过凄凉……

他提笔写下《江夏别宋之悌》：

楚水清若空，遥将碧海通。
人分千里外，兴在一杯中。
谷鸟吟晴日，江猿啸晚风。
平生不下泪，于此泣无穷。

这段日子，确实不好过。

第四章
曲径求仕

玉真别馆

开元二十年（732 年），李白经南阳向长安进发。

唐代的长安城，聚集了天下最令人向往的一切——最气派的园林，最宽的街道，最多的酒坊，最美的歌姬，你所能想到的以及看起来最恣意的人生。

许员外曾向李白提过，他有个侄孙叫许辅乾，在朝廷当官，专门负责皇上的膳食。虽然没什么权势，但在朝廷中还有一定的地位，一定的人际社交。

虽不情愿，然而眼下似乎是他唯一的法子。

许辅乾倒也热情，许诺将他引荐给比较熟悉的右相张说。

张说，字道济，弱冠时他对策就考了第一，为人机敏果断、处事灵活，皇上提拔他当了宰相。任宰相期间，他忠于职守，直言不讳，是难得的贤臣。

李白满怀希望——这样的人大概是爱才之人了吧。

终得拜见，却不料张说竟然重病卧床，但是他还是接见了李白。

李白知前辈是德高望重之人，恭敬地递上了他的“行卷”。

张说接过李白递上的诗稿，用颤抖无力的手翻了几页，颤颤巍巍地说道：“你就是，就是李……李太白吗？我以前听人说过你们蜀中人物，赵蕤的术数和你的文章都是名冠蜀地，想不到我们还能有机会相见啊！”

李白内心激动不已，心想：张说当真名不虚传。

可是，张说没说多久就已经气喘吁吁了，甚至连话语都连贯不起来。他只好示意身旁的儿子张垍好生接待李白。

但令李白万万没有想到的是，张说的病情一直没有好转，不久就去世了。

不过，李白对张垍的第一印象并不太好，心里总觉得不舒服——张垍说话温文尔雅，丝毫不露破绽，连笑容都仿佛固定在脸上，完美到无懈可击。年纪轻轻就当上了卫尉卿，还娶了深得玄宗宠爱的女儿宁亲公主为妻。更重要的是，他拒绝了李白邀约喝酒的请求，只微笑称胃部不适，这在李白看来张垍让他很不体面，认为张垍是薄情之人。

出乎李白意料的是，不久，张垍介绍李白到玉真公主的别馆去做客，说玉真公主喜欢结交文士，王维、储光羲等均有诗赠之。要是她哪一天高兴，即日就会禀奏皇上，说李白很快就可以平步青云，由布衣一举成为卿相。又说自己并非德高望重，只怕说话没有分量。

这让李白分外诧异，暗自愧疚自己的短视，妄下定论险些错怪好人。

玉真公主为睿宗之女，玄宗之妹。玉真公主好道，睿宗太极元年（712 年）即出家入道，法号持盈。玉真公主别馆在终南山楼观台西南。

接到张垍的信函后，李白立即动身离开长安。

当李白赶到玉真公主别馆，他的心凉了半截——只见那里门庭冷落，毫无生气。两个无聊的院工依靠门廊有一搭无一搭地闲聊着。

李白忙向院工问询情况，才知道玉真公主很久没有再来别馆了，除了在别馆建好的前一两年。

李白心凉了——难道张垍不知道玉真公主不在这里吗？

李白抱着一种“既来之，则安之”的心理，反复向院工说明来意，还出示了张垍的“举荐信”，院工才答应他在别馆里住下来。

就这样，半个月一晃而过，玉真公主还是没有出现。李白托人送信给张垍问询情况，但是有去无回，杳无音讯。

李白心中自嘲——想不到我也要做卢藏用了。

武后年间，卢藏用仕途不顺，乃隐居终南山，四处散播自己是隐士高人之名。得知皇上去了洛阳之后，他又跑到嵩山隐居，被世人称为“随驾隐士”。后来武后知道了，就召见了他，自此入仕，后官至尚书右丞。后来当司马承祯虽被征召而坚决不出仕时，卢藏用送他离开京城，指着终南山对司马承祯说：“此中大有嘉处。”

李白在山水间是畅快自得的，写下了不少描写自然风光的诗篇。但李白的修仙和出仕从没真正“协调”过，无论是隐居而高卧林泉，还是追求仕宦机遇而希望一展抱负，他都抱着一片至诚之心。后人只能说他天真，但绝不是什么矫饰。

知道自己上当，李白其实很生气，开始狂饮纵喝，加入斗鸡赌博之列，却与“长安恶少”发生了冲突。这些李白倒也不避讳，写了首《叙旧赠江阳宰陆调》记录了下来。

李白尝遍冷落之苦和江湖“险恶”，留下几首给玉真公主的诗，拖着疲惫的步子下了终南山。

还好李白的情绪本就大起大落，即便心灰意冷仍不失豪放洒脱。下山后，到斛斯山人家留宿饮酒。“长歌吟松风，曲尽河星稀。我醉君复乐，陶然共忘机。”一首《下终南山过斛斯山人宿置酒》倒是写得至情至趣。

然而一想到理想与现实的差别，就像清醒与醉酒一样。李白不得不离开长安，去洛阳碰碰运气。

开元二十三年（735 年），李白来到东都。很快，他决定和在洛阳结识的好朋友元演一道北游太原——在众多朋友中，他把元演算作莫逆之交。两个人在洛阳过了一段放荡不羁的日子，一时要分开又舍不得。那时元演之父任太原府尹，父子俩都很喜欢李白的诗文。李白居留于此，约有年把左右。

北方风土与南方不同，霜天寥廓，鹘鹰盘旋……很久以后李白在《忆旧游寄谯郡元参军》诗中追叙自己和元演的数次相聚，一开始便是提到在洛阳那段裘马轻狂的生活。只是很久以后回忆起来，那些纵酒狎妓、与各色人等交游的生活，看似豪放，其实只是志向失意的写照。

那一段时间，李白漫游过不少地方，脾气相投的元演能让人忘记失意，却不能安慰心底空虚的感受。

听说丹丘子在嵩山隐居修道，李白也来到嵩山。

嵩山东西横卧，雄峙中原，山峦起伏，峻峰奇异，是为中岳。这里道教兴起较早，也为道学圣地。

李白与丹丘子时常坐在山崖上望着连绵的山峰，缭绕的云海，还有那依稀可见的鹿台。

一次，李白忍不住说道：“莫非小时候与异族为伍，我才这般不甘闲居，奔走四方?”

丹丘子望着他，半晌，轻声道：“天下都是你的家，而你不过还在寻找。”

“只怕我寻得太久了些！万事难并立，仕隐之事无法两全啊。”

丹丘子轻声道：“随性吧!”

李白点点头，道：“现在无论如何我得回家看看了。上次回家，妻子的病已经很重了，她虽不说，但我看得出来。”

“这里当真是隐逸之士的理想处。”过了半晌他又说。

“‘此夜曲中闻折柳，何人不起故园情。’你在洛城便已想家了吧!”

回归安陆

一路晓行夜宿，总算回到安陆。

一进家门，便见女儿平阳正坐在门廊上呆呆地望着自己。这女孩有着和自己一样亮亮的眸子。

半晌，她冒出一句："你是爹爹?"

李白突然心酸了，那一刹那不由得打了个寒战——是啊，自己名为人父和人夫，却很少尽到责任，待在家里的日子不多。

"爹爹，快进屋去吧，娘病了，一直在盼着你回来呢!"

李白点点头，他伸出手想摸摸平阳的头，却发现女儿有些躲自己似的抢先跑进了屋。

李白叹了口气，收回了伸出的手，迈步向里屋走去。

当看见卧病在床的妻子时，李白愣住了。眼前的妻子憔悴得不成人形，上次自己走时她还强打着精神，现在已犹自躺在床上起不了身。

"娘，爹爹回来了!"女儿平阳叫了一声，惊醒了正在床上休养的妻子。

妻子睁开眼睛看见风尘仆仆的丈夫坐在她的床前，眼神里流露出一丝哀怨，很快又努力地笑笑，颤声道："回来了，真担心你有什么闪失。"

李白握了握她的手，心想：你本该责怪我的。

但他什么也没说，只轻声道："想吃什么，我给你买。"

接下来的几天，李白到处求医给妻子治病，亲自熬汤喂药。

几天后，许氏的病情不见起色，反而日趋严重。

不久，许氏病逝。

李白想喝酒！

他并不相信醉了真的能忘记一切，可是他想醉。

他忽然发觉有种痛苦竟是不能承受的。

女儿和儿子在一旁啼哭着。

他灌下去一大碗。

因为喝得太猛，酒冲下李白的喉咙——他想惩罚自己。

他的喉咙很疼，胃也翻腾，他使劲儿忍着，不咳嗽。

可是眼泪却已呛了出来。

突然，女儿平阳拉着弟弟走了过来，噙着泪的眼睛怔怔地望着李白。她伸出瘦弱的手臂，递给李白一块脏兮兮的手帕。

李白愣了一下，接过手帕，搂住了一双失去母亲的儿女。

李白已难以再在许家住下去了。说到底，他是赘婿的身份，如今许家的女儿已过世，他也就失去依傍，处境更为落魄，于是他带着两个孩子，移家东鲁。

临行，李白牵着一双儿女的手，想着过往的日子，碌碌无为！再回头望着许府，苦笑一下——想不到有一天，我李白竟落魄至此。

柳暗花明

开元二十五年（737 年），李白携一双儿女移居东鲁，这里有几个还算认可他的朋友。

鲁地本是儒家的发源地，直到唐代，还有浓厚的遗风，自然好学之气不薄。这里有一部分人已熟悉李白的诗作，以礼相待、盛情相邀，比如颇有名声的孔巢父、韩准、裴政、张叔明等，隐于当地的徂徕山，号称“竹溪六逸”，终日狂歌纵酒。

但孔巢父等人显然没有李白的雄心抱负，他们的隐逸与李白的追求并不相同。

无论如何，李白如此不甘寂寞之人也算他乡遇知音了，只从那诗作的字里行间依稀辨出些怀念故地的惆怅，比如《客中行》——“兰陵美酒郁金香，玉碗盛来琥珀光。但使主人能醉客，不知何处是他乡。”

儒学之地，自然也不乏死读经书之人，他们用一生时间将《诗》《书》《礼》《易》《春秋》的儒典背得滚瓜烂熟，但丝毫不懂也不去想如何经国济世。然而偏偏正是这班人，嘲笑李白不赴科举，只知学剑习武写诗，想“超近道”。

李白觉得好笑，写了首《嘲鲁儒》戏谑他们一番，“时事且未达，归耕汶水滨”。——什么都做不了，还是回汶水边上种地去吧——简直显得太小孩子气了。

为了照顾两个孩子，李白续娶刘氏，而刘氏对两个孩子并不好。她不懂李白的诗，嘲笑他不思进取。李白此时在外谋不发展，家中得不到尊重，精神上又怎么能愉快？后来他们分开了。

他努力写些自我鼓励的句子，也从未放弃过他的自负，比如“君不见高阳酒徒起草中，长揖山东隆准公。入门不拜逞雄辩，两女辍洗来趋风……狂客落魄尚如此，何况壮士当群雄！”他依旧明亮的眼眸里分明有了许多忧虑。

742年，李隆基登基改元，是为天宝元年。

就在这天宝元年，李白终于时来运转，迎来了重大喜讯。

也是机缘巧合，玉真公主到紫阳道长处仙游，丹丘子陪侍近旁，闲暇时提及李白，大加赞誉。玉真公主爱结交文士，又好“道”，闻听李白之名和行迹，颇有好感。遂向皇上举荐，玄宗乃召李白入朝。

在一个秋风习习的中午，李白自山中回家，见树下有头壮马正在啃着树下的青草，李白便知家里有人拜访。

入门一看，竟是位穿着官服的朝臣。他看见李白回来了，忙站起身，整理衣冠，展开手中的黄卷，径直道：“圣旨下，李白跪听宣诏。”

李白肃然恭敬地道：“布衣李白洗耳恭听。”

“布衣李白胸怀大志，辞亲远游，读万卷书，行万里路，拜万人师，写诗千首，闻名遐迩，可谓奇才。朕素有爱才之心且求贤若渴。今特招卿进京陛见，早授官职，为国效力！钦此！”

李白压抑着内心的狂喜，平静地谢恩，平静地接旨，平静地送走了那官差。然后他转过身，徐徐地走向屋子，然后他开始笑了。他大笑——终于等到这一天了！

自己奔波了大半生，就是为了今天啊！

女儿平阳从里屋出来，看见又哭又笑的爹爹，吓了一跳，忙问爹爹发生什么事了。

李白笑着流泪说："去为爹爹准备好酒好菜，你爹要上长安啦!"

当晚，李白邀了几个朋友，一边痛快狂饮，一边纵情高歌……一双儿女也很是高兴。小儿子伯禽虽不了解详情，但从父亲的喜笑颜开当中略知一二。他知道爹爹这次出门与往次不同，他的爹爹要去京城长安朝见皇上，还要当大官呢！挣很多的银子，住很大的房子，然后爹爹会来接他和姐姐，长安还有很多很多好玩儿的东西呢！

想着这些他很兴奋，先是蹦蹦跳跳，后来竟然去拉扯他爹爹的衣服，甚至还摸摸他的胡须，越来越淘气。

李白心潮澎湃，诗情激涌，一首《南陵别儿童入京》有感而发：

白酒新熟山中归，黄鸡啄黍秋正肥。
呼童烹鸡酌白酒，儿女嬉笑牵人衣。

高歌取醉欲自慰，起舞落日争光辉。
游说万乘苦不早，著鞭跨马涉远道。
会稽愚妇轻买臣，余亦辞家西入秦。
仰天大笑出门去，我辈岂是蓬蒿人？

想来朱买臣早年家贫，以卖柴为生，常常担柴走路时还看书。妻子嫌他贫贱，便离开了他。没想到晚年时才华绝世的他得到汉武帝的赏识，做了会稽太守，其妻羞愧而死。哈哈……愚妇自然比喻那些鼠目寸光、藐视自己的家伙……只是感叹自己不能更早些受到皇上的器重啊！

李白快乐着，憧憬着，飞翔着……他期待着惊天动地的伟业，他仿佛骑着神骏，跨越历史的峰峦阡陌，驰骋在永恒里！

第五章
二入长安

供奉翰林

长安城繁华依旧，皇城巍峨。虽是二次入京，此次却是皇上请来的——“银鞍白鼻騧蹄急”，李白只觉得呼吸都畅快了不少。

波斯的使节和西域的商队又多了很多呢，李白惬意地四下望着。哈哈，上次见过的杂耍艺人还在，还有那跳龟兹乐舞的漂亮姑娘。

抚了抚腰中的剑，审视了自己新做的衣服，李白兀自笑了笑，直到马车停在招贤馆，他大踏步走了进去。

招贤馆内，早有人恭恭敬敬地等候着。

官吏们自然知道来这儿的都是皇上的贵客，

绝不敢怠慢半分。

馆丞自然知道眼前这位剑眉星目、风流倜傥的先生就是诗文远播、闻名京师的李太白，激动不已，随即把李白引入厅内的一间雅座，说有位尊贵的客人从昨天起就一直在那里等候着见李太白先生呢。

只见一位青衣白须的老先生静坐在那里。

还没等老人开口，一旁倒茶的馆丞就说道："贺大人，您要见的李太白先生已经到了，那我就不打扰你们了，先行告退。"

那位老人点点头，望着头戴软脚璞头，身穿淡绿色的圆领短袍，脚下一双乌油薄底短靴的李白，一脸欣喜。

他们一个鹤发童颜，丰神飘逸；一个仙风道骨，卓尔不群，立刻互相被吸引住了。

"终于让我贺知章有机会等到李白贤弟你啊！"贺知章说着便走向前，激动地握住李白的双手。

啊！李白听完一阵惊喜，眼前这位和颜悦色的老人竟是大诗人贺知章！更未料贺老竟会在此等自己，忙躬身一揖，说道："久仰久仰。"

贺知章自号四明狂客，少时即以诗文知名。

中进士后，授国子四门博士，后迁太常博士。开元十年（722 年），由张说推荐参与撰修《六典》《文纂》，后来又任太子宾客、秘书监等职位。

此时，贺知章笑着拍了拍李白的肩，很随性地说：“名动京师的李白果然名不虚传，有‘神游八极之表’的气势。”

李白素来欣赏贺知章的诗文，忍不住朗声诵道：“‘少小离家老大回，乡音无改鬓毛衰。儿童相见不相识，笑问客从何处来？’幸而我不是那儿童，不然怄气都得和自己怄半天。”

贺老被李白说得哈哈大笑，拉李白出门上自己的马车，又回头对那追出来的馆丞大声道：“太白先借我半日，晚上便给你们送回来。”

二人驱马车至紫极宫。紫极宫是京城中一座重要的道观，素好仙道的贺知章居住于此，知道李白是道教中人，又素爱他的诗文，须知文人一旦神交便早等不及一见了。

紫极宫中早已设宴，贺老一边给李白布菜一边说：“你尝尝，我这可是找来了长安城中最有名的酒楼厨师，非常地道。”

李白忙谢，心下感动。

“近日可有佳作？”贺老搓着手问。

李白自袖中取出手稿《蜀道难》，递给贺知章。

贺老念道：

噫吁嚱！危乎高哉！蜀道之难，难于上青天！
蚕丛及鱼凫，开国何茫然！
尔来四万八千岁，不与秦塞通人烟。
西当太白有鸟道，可以横绝峨眉巅。
地崩山摧壮士死，然后天梯石栈相钩连。
上有六龙回日之高标，下有冲波逆折之回川。
黄鹤之飞尚不得过，猿猱欲度愁攀援。
青泥何盘盘，百步九折萦岩峦。
扪参历井仰胁息，以手抚膺坐长叹。
问君西游何时还？畏途巉岩不可攀。
但见悲鸟号古木，雄飞雌从绕林间。
又闻子规啼夜月，愁空山。
蜀道之难，难于上青天，使人听此凋朱颜！
连峰去天不盈尺，枯松倒挂倚绝壁。
飞湍瀑流争喧豗，砯崖转石万壑雷。
其险也如此，嗟尔远道之人胡为乎来哉！
剑阁峥嵘而崔嵬，一夫当关，万夫莫开。
所守或匪亲，化为狼与豺。

朝避猛虎，夕避长蛇，
磨牙吮血，杀人如麻。
锦城虽云乐，不如早还家。
蜀道之难，难于上青天，侧身西望长咨嗟！

才读了几句，贺知章眼睛已发亮，还没读完，已连连称赞，读罢，一合诗卷，呼道：“妙绝！笔势峭拔，雷霆之势，确然可以惊泣鬼神！此等诗句，除非天授，难以相信是人力所为，莫非你是太白金星转世？哈哈哈哈。”贺知章看了一遍又一遍，反复吟诵，感叹“当真是谪仙人啊”！

就这样，两人一见如故，谈诗论道、开怀畅饮，直到日落时分不得不走，才与酒家结账。李白抢先要付，无奈囊中羞涩，贺老也坚决不肯，边拦边伸手掏钱。一摸袖套，贺老笑道：“哈哈哈哈，老糊涂了，没带银两。”

情急之中，贺老想到了自己随身佩戴的饰物金龟，随手就摘下来说：“拿去顶酒钱。”

这金龟可是三品以上官员的饰物、标志，店家哪里敢接这等官品贵物。

贺知章却说：“今日幸遇忘年之交，此物权充酒钱又有何妨？”

临别，贺老嘱咐道："虽然我不过是个掌典图书的秘书监，但好歹也是个三品的官员，以后得互相照应。还有，入了宫，凡事可得小心了。"他说着，神情里突然有一丝严肃。

李白笑着点头，没在意贺老的神色，只觉得许久没有这么开心过了。

无论如何，李白对以后的路愈发充满信心。

而以后无论是何境遇，李白对贺知章这份来自顶层知识界的知遇之恩，对这种风流狂放的性格都难以忘怀。有人和他说贺知章并不是个简单的人物，李白并不在意，至少他喜欢他的性情和文字。他后来写过好几首诗表达对贺公的挚情，字里行间都像亲人。

见李白回来，馆丞哪还敢耽搁，忙驾车送李白入宫。

沿朱雀街一路进宫，未有拦阻，径直行至殿外。

那馆丞扶李白下车，又通报殿史，末了还不忘笑着对李白说："太白大人可莫忘了在皇上那儿替我等美言几句啊。"

李白笑笑，又抚了抚腰中的剑，踏步而上。

殿门大开，殿内灯火通明，只见那宽敞的大殿竖着雕龙大柱，鎏金的墙壁，气派非凡。

大殿之上，天子威严而坐。

看到李白，玄宗眼前一亮，竟走下殿来，拍掌道：“人都道文如其人，而今太白是人如其文啊……读太白之诗，当真叫人觉得过瘾，来来来，上这边坐。”

殿下，只环坐几个近臣，桌上皆有美食佳酿。

看来玄宗正待宴客，“莫非，这客便是自己？”李白暗忖。

玄宗命人赐李白以七宝床，笑道：“贵客当然得赐宝座。”

玄宗又亲自调了汤命宫女递给他，笑道：“这汤我素来觉得不错，你尝尝。”

李白忙起身接过，心中虽觉得意，但始终表现得不卑不亢，沉声道：“多谢皇上。”

玄宗笑了笑道：“若非你品行高洁、文章有名，我们今天也无缘这样坐在一起，我是否亦须谢你呢？”

朝内的一点儿风吹草动，朝外已炸开了锅。还未宴毕，朝廷重臣三三两两聚在一起，人们拿不准这李白的来路，究竟是玄宗一时兴起还是当真要委以重任？

终于，那殿中始终站在玄宗旁边的老太监从偏门踱了出来，重臣皆围上去。“老爹……老爹……有什么情况？”

老宦官笑了笑，摇摇头，半晌，叹道：“到底没有经历科举，不知轻重，非池中之物啊……”

重臣仿佛松了口气。

当晚，李白在众人侧目中大摇大摆地入住翰林院。

次日，在一个小太监的带领下，李白不慌不忙地朝金銮殿内走去。

玄宗高坐龙椅之上，李白按照贺老前辈事先交代的礼仪拜伏在地，声音洪亮地说道：“布衣李白奉诏参见陛下，吾皇万岁万岁万万岁。”

满朝的文武大臣不约而同地望去。

李白放眼一扫，众人一凛，只觉此人目光如炬，仿佛直看到人心里。

人们都有些好奇，他实在看上去有些与众不同，没有丝毫的唯唯诺诺，也几乎完全注意不到他的衣着，只会被他整个人的潇洒和气宇轩昂吸引。

唐玄宗笑道：“贤卿请起，昨日休息得还好？”

李白神情自若地说：“陛下如此厚待，臣不胜感激。”

“贤卿不必谦虚，卿诗文远播，名闻京师。朕几十年来广开言路，亲选奇才，朕又怎能冷落贤卿你呢？”

这一番话自然是讲给群臣听的。

李白笑着答道：“臣谢陛下。”

“至于官职……将军，你说呢？”

只见皇上望着的“将军”竟是那老宦官。李白觉得可笑。

殿堂内一片寂静。

老宦官道：“陛下，依奴才之见，李白初来乍到，还是先试用以后再做定夺吧。他既为文人，就先量才而用，权且让他在翰林院做个供奉翰林，随时待诏，也待以后建功立业了再重用也不迟啊！”

唐玄宗点头：“有理。”就这样封了李白为翰林学士。

对于没有任何官场经验的李白来说，他并不知道这翰林学士既无官品又无实权，但依语气也知翰林学士并不是什么大角色。叩头拜谢后，他便打量着那面色谦恭却看不透任何心思的宦官。

一旁的贺知章暗自叹气，不知李白为何会得罪了“将军”高力士。

高力士本姓冯，据说因家族获罪，成年男子都被杀，高力士当时还是未成年人，于是被阉后送入宫中。高力士和唐玄宗差不多的年纪，两人从小就在一块儿玩儿。

在玄宗诛杀韦后、太平公主等历次凶险又关键的大事件中，高力士都是坚决站在玄宗这边的，忠心不二。所以，高力士因有功，被封为右监门将军，却也算是首开了宦官当权的例子。当然玄宗也曾思量，但无奈高力士能力强，什么事情都替自己想在前头，让自己省了不少心，所以玄宗不止一次说：“力士当上，我寝则稳。”——有高力士值班，我就能睡踏实了。这样的人，能顶多少能臣？难道不能封官加爵吗？当然，相比很多人，高力士算是真心想对玄宗好，只是玄宗并没有太留心。高力士也因为尊贵的地位赚了不少零花钱，比如因为信佛，他会在佛寺门口铸一口钟，巴结他的人都会去敲，敲一下要交十万钱表示礼佛。有些人为了体现诚心，敲十下二十下上百下，这钟几乎响个没完。

李白没想过，这般人物，还是不要惹得好。

退朝之后，贺知章、王维和其他一些爱才之士都向李白表示了祝贺。

其实，不管有没有官品和实权，这对摩拳擦掌的李白已经不重要了，最起码他还是得到了当今皇上的赏识，还能够经常待诏听命于皇上，这样他随时都有机会向皇上陈述自己对于富国强兵、兴利除弊的主张，实现自己多年来匡时济世的宏图大志。

李白未曾料到，一进翰林院就碰见了曾经骗他去终南山拜见玉真公主的张垍。

他仍然是那么的英俊貌美、温文尔雅。

此时他还是对李白恭恭敬敬，并且亲切地叮嘱李白说：“若有什么需要吩咐一声，咱们是老相识，有什么可得互相照应点儿……”

“对了，”他走了两步又回头笑着说，“这翰林待诏啊，顾名思义就是随时等待着皇上的圣旨。

你得格外注意，恪守职责，除了十日一次的休息日之外，其余时间就不要随意外出了。”

李白哪里会吃这套阴阳怪气的下马威，鼻孔里“哼”了一声，用手格开了张垍。

张垍望着李白的背影，温文尔雅地笑了笑。

翰林是皇上的文学侍从官，主要靠的是文笔，起草文书、写作诗文、和皇上聊天，还有陪伴宴游等。看上去是地位不错，尤其又非一般人能做，真才实学是少不了的。

李白却以为虽然他进了翰林院，但“待诏”也就意味着皇上一定要更加重用他，于是倒也能耐心来等。他总觉得自己每时每刻都有被皇上召见的可能，所以在他待诏的时间里，他既不敢随意乱逛，也不敢任意喝酒，生怕错过与皇上共商国家大事的机会。

偏偏事与愿违，李白进宫也快一个月了，但一次也没有被皇上召见过，极度的闲散激起了李白的不安。日久，一开始的兴奋心情也慢慢凉了下来，李白又恢复了往日与酒相伴的日子，同贺知章、崔宗之、汝阳王等做了“饮中八仙”，八人同样沉溺于道，诗文微逐，相互契赏。

咏花咏云

终于，机会来了。

一日，一个小宦官传来旨意，说皇上命李白侍从圣驾前往骊山温泉宫。

李白高兴之余，认为定是皇上在政事上遇到了什么不明之处，所以才派人前来请他李白询问政事。

自骊山脚下朝山顶一眼望去，只见树木蓊郁，绿叶丛生，不见任何亭台楼阁。

行至半山腰，他才发现在茂盛树木的遮掩下，到处都是小巧别致的宫馆，既有长安城宫殿的豪华，又有山林间的清静。

小宦官边引路边道：“这骊山别馆乃是皇上的行宫，有天然的温泉，气候四季如春。皇上一年要来好几次，当真是超凡出尘的天宫。”

远远就听那管弦齐鸣、丝竹相和，盖过了鸟鸣。

那是唐玄宗和杨贵妃在排练“霓裳羽衣舞”，一段由皇上梦游月宫而得来的舞曲。

这唐玄宗确实多才多艺——善骑射、历象之学。他通音律，凡属乐器，都可以奏出非常美妙的声音。

此时，他正为杨贵妃的舞姿神魂颠倒，尤其是她的每一个舞步、每一个回旋都踩在自己的鼓点上，使自己的心振奋着、回旋着、激动着。很长一段时间，他太喜欢看杨贵妃跳“霓裳羽衣舞”，而且必须自己操鼓在一旁伴奏。

而杨贵妃也绝不仅仅是容貌长得美丽、擅长舞蹈，她是个心思细腻、善解人意的妙人儿。比如有一次唐玄宗与亲王下棋，她站在棋局前观看，眼看唐玄宗就要输棋了，她便将怀里的猫扔在棋盘上，扰乱了棋局。

行至温泉宫，另有一宦官奉唐玄宗的旨意在那儿等候着李白。

竟是泡温泉！

也算有幸了，李白哭笑不得。

“浸泡在那缭绕着蒸汽的温泉中还真是舒适，还是皇上会享受啊！”李白感慨。

随后几天不是赐宴就是赐游，李白本可以安心地沉醉于这仙人般的生活里，但他脑海里偏偏惦记着什么时候皇上才升殿视事。何况好几天都过去了，对骊山别馆的新鲜感也消失得差不多，不禁想发牢骚：皇上什么时候才能玩儿够？

终于有宦官传来旨意叫李白应诏。李白喜出望外，以为皇上要召他共商国是。

整理衣冠，李白入殿。

只见那殿内歌舞升平，上百名宫女在富有异域情调的乐曲中翩翩起舞。她们的上衣绣缀着洁白的羽毛，裙子如彩云般鲜艳，无论音乐或舞蹈，都亦真亦幻令人仿佛置若仙宫。

“爱卿觉得我这‘霓裳羽衣’怎么样？”

“只应天上有。”

“有乐有舞，但缺诗赋尔！”唐玄宗笑道。

竟是要他速写一首驾幸温泉别馆的诗。

李白对此极为失落，但是君命难违，只好奉旨行事。

诗呈上，贵妃娘娘半倚在玄宗怀中柔声念着：“羽林十二将，罗列应星文。霜仗悬秋月，霓旌卷夜云。严更千户肃，清乐九天闻。日出瞻佳气，葱葱绕圣君。”

唐玄宗拍手笑道：“真是‘诗仙’下凡，赏锦袍一件！”

在骊山的后一段时间里，李白除了给唐玄宗

写写诗文，作作曲词，就别无他事可做了。

应该说，李白确实是一个奇才，无论是清醒如晨，还是酩酊大醉，都是招之即来，从没误过事。

但唐玄宗和李白是两种心情、两种滋味。

几首诗下来，唐玄宗对李白的文学才思和气魄十分欣赏，越发觉得自己找了个天赋异禀的诗仙，给定主题便能一挥而就且不落俗套，不仅深得杨贵妃的喜欢，自己听腻了歌舞班子的陈词滥调，也很满意——他从没想过让他参与朝政。

而李白天生做不来御用文人，在他看来，诗得是自由的，是直抒胸臆的，不是用来替别人取乐的。他想要的是关乎江山社稷的思考、交谈和与之相关的尊重。

现在，李白觉得所谓学富五车的翰林供奉，其实与鸡坊间的斗鸡者没什么两样，职责都是逗乐，要让皇上高兴。玄宗年轻时就喜欢斗鸡戏，当了皇上更是在两宫间建起了鸡坊，养了许多雄赳赳气昂昂的红脸大公鸡，还专挑五百来号将士饲养。

李白心中憋闷，然而除了喝酒，也只剩下

写诗。

还好，没有人能限制他写些自己的诗。

比如《春日醉起言志》：

处事若大梦，胡为劳其生？
所以终日醉，颓然卧前楹。
觉来眄庭前，一鸟花间鸣。
借问此何时？春风雨流莺。
感之欲叹息，对酒还自倾。
浩歌待明月，曲尽已忘情。

是啊，人生不过一场虚幻的梦而已，何必还要忙碌操劳一生？每日纵情于美酒，醉了便睡在庭前的柱子旁，竟要鸟儿提醒自己春天已经来了——怎么竟会没有注意到这一切？为此应该再继续喝上几杯吧——只喝到月上中天，便也无忧无虑了。

长安城北大街与西大街的街口折向南，集中着大量的“胡肆”，其中就有他经常光顾的“酒家胡”。

“酒家胡”内，当垆胡姬早已认得李白，用最为殷勤的笑容将其拥入酒肆。

李白点了酒菜，学着胡人的样子搓起饭团往嘴里弹，一开始总也弹不进去，几下之后，逐渐掌握了技巧。

高昌的葡萄酒，波斯的三勒浆、龙膏酒等都是好酒，李白自斟自酌。

漂亮的粟特少女在一张花纹好看的圆形毯子上旋转着跳舞，似乎永不疲累，路过的人都会驻足观看，还引得白马少年驻马进店。

李白笑了，记述下这些有趣的场景——“五陵年少市金东，银鞍白马度春风。落花踏尽游何处，笑入胡姬酒肆中。”

李白也不知道过了多长时间，又喝了多少酒，只知道他是被“噗”的一声猛地惊醒的，一桶冷水从他头上淋了下来。

他坐起来一看，只见几个内侍拎着水桶站在他的身旁，酒桌上也一片狼藉，才知道自己喝醉了。

宫廷乐丞李龟年慌忙对李白说：“李学士，李学士，皇上召见！赶快起来和我们一起去见圣上吧！要不然我们会下不了台的。”

还没等李白答话，几个内侍不由分说拉着他

朝兴庆宫奔去。

暮春时节，兴庆宫沉香亭四周的牡丹开成了一片花海，多是由洛阳新进贡过来的名贵品种——“姚黄”“焦骨”“魏紫”等，微风吹过，芳香沁人心脾。

一旁的李龟年见唐玄宗和杨贵妃兴趣盎然地在赏花，便令他那班梨园弟子拿出了乐器，准备奏乐起舞为皇上与贵妃助兴。

乐声刚起，杨贵妃便娇嗔道：“不听这个嘛，我要听新的。”

唐玄宗道：“对美人，赏名花，是得有新词。”

“新词？”李龟年面露难色。

“召李白啊！”杨玉环道。

高力士笑道：“回娘娘，那个李白一大早就出去了，说不定现在已经喝得烂醉如泥了。”

然而皇上才不会管那么多，只要他和美人能够尽兴就行，就算要翻转整座长安城也要找到李白，当奴才的也只好听令办事了。

圣旨一下，李龟年就疾步出宫找李白。

偌大一个京城，茶坊酒肆无数，上哪儿去找李学士？

李龟年带着人走东坊，入西肆，来到一家酒楼下，听到楼上有人放声高歌：

天若不爱酒，酒星不在天。
地若不爱酒，地应无酒泉。
天地既爱酒，爱酒不愧天。
已闻清比圣，复道浊如贤。
贤圣既已饮，何必求神仙。
三杯通大道，一斗合自然。
但得酒中趣，勿为醒者传。

李龟年一听诗中意思，只有李学士有此情怀啊，于是便带着人三步并作两步登上楼来。

果然，见李白正仰头畅饮，神采飞扬，醉眼蒙眬，好一个彻悟大道、一任自然的酒中仙。

“三杯通大道、一斗合自然……”

“扑通”，李白栽倒过去，不省人事。

情急之下，李龟年这才一桶水给李白泼醒了。

去兴庆宫的路上，马车飞驰，颠得李白好生难受，一直熬到兴庆宫门前时，终于呕吐了，衣服上一片狼藉。

出来接李白入宫的高力士厌恶地看着他，用

手帕捂住自己的鼻子，吩咐人给李白灌醒酒汤，把衣服给换了，把脸和手洗干净了再见皇上。

看着高力士，李白笑道：“咦？原来你长头发啊，我以为胡子不长头发便也不长了……”

由于李白醉酒耽搁了时间，皇上似乎有点儿不耐烦，问了好几遍。

高力士幸灾乐祸，道：“这李白胆大包天，不守规矩，嗜酒如命，丢尽我大唐朝臣的脸。”

但皇上和杨贵妃正在赏花的兴头儿上，哪有闲情来管那些鸡毛蒜皮的事，反而对姗姗来迟的李白更显得大方了。

玄宗道：“爱卿现在身体是否舒适，醉意消了吗？”

李白笑道：“无妨。”

“哈哈，我和爱妃都等不及欣赏你的词啦。”

看着眼前高傲盛开的牡丹花和浓妆艳抹的杨贵妃，李白定了定神，援笔濡墨，虽然醉意未消，只沉思片刻，便在那金花笺上龙飞凤舞起来。少顷，已写成数张，他把那笔墨淋漓的金花笺往旁边一推，将笔掼到砚台旁，仰头向李龟年笑道：“拿去唱吧！”

“龟年，给我看看。”唐玄宗道。

乃是《清平调》三首：

云想衣裳花想容，春风拂槛露华浓。
若非群玉山头见，会向瑶台月下逢。

一枝红艳露凝香，云雨巫山枉断肠。
借问汉宫谁得似？可怜飞燕倚新妆。

名花倾国两相欢，长得君王带笑看。
解释春风无限恨，沉香亭北倚阑干。

“妙哉，妙哉，写得真好啊！有赏，有赏！”唐玄宗连呼。杨贵妃看了，更是乐得眉飞色舞，原地旋了两个曼妙的圈儿。

李龟年本就声音极妙，在宫廷乐师的伴奏下，一首新曲更婉转空灵。

皇上一时兴起，还吹着玉笛附和着，并且边吹玉笛边看美人。此时的他，觉得眼前的名花，身边的妃子，李龟年的音调，都是那么动人。

杨贵妃听着曲子更觉得全身轻飘飘的，像腾云驾雾一般。为了感谢李白写的新词和这番赞美，杨贵妃亲自为李白斟了一杯酒。

此后，《清平调》被皇上和杨贵妃要求一遍又一遍地弹奏着，歌乐声在整个兴庆宫回荡着。

赐金放归

从开元后期起，唐玄宗就已经很少到大明宫去上早朝了。

与此同时，自从作了《清平调》之后，唐玄宗对李白的宠幸有增无减，还经常赐宴，甚至留宿殿内。由于差遣频繁，唐玄宗竟然下旨要李白从翰林院搬到兴庆宫附近，还特意挑选几个宫女服侍李白。

这样的待遇，不但翰林们望尘莫及，其他同朝的官员也心存嫉妒。

此时，唐玄宗却碰上了点儿小麻烦。

吐蕃之前占领了青海附近的一些地方，唐玄宗认为他们有不良用心，曾多次出兵进行威慑，希望其退后。但没想到那小国竟狂妄自大、不逊示弱，声称大唐欺人太甚，屡屡侵犯他国边界，实无可忍，要求讲和，不然，如若冒犯，也莫怪不讲情面。遂派使臣持其国王国书入朝面见大唐皇上。

当其使臣呈上国书时，唐玄宗一脸严肃地皱着眉，心里忐忑起来——书上那一串一串笔画连在一起的是什么字啊？唐玄宗眼花缭乱，没看懂一个。

“国忠，你来念念。”玄宗命大臣杨国忠来看。

“这个……”一旁衣冠楚楚、眼神灵活的家伙面露难色。

这杨国忠是杨贵妃的哥哥，本名杨钊。此人从小行为放荡不羁，喜欢喝酒赌博，因此穷困潦倒，经常向别人借钱，人们很瞧不起他。

后来他凭借贵妃和杨氏诸姐妹得宠，在长安立脚之后，巧为钻营——在宫内，他经常接近贵妃，小心翼翼地侍奉玄宗，逢迎拍马；在朝廷，则千方百计巴结权臣，投其所好。后来，他借着杨氏姐妹的光，以及在宫中宴饮时的一些娱乐小游戏中能机智地算分，玄宗赏识起他来，很快青云直上，成为朝中重臣。

然而平日耀武扬威的他，此番接过国书一看，自然也不知如何是好，表面有担当，心里却忍不住想着“糟了”。确实，他平日里一副什么都懂的样子，现在却露馅儿了。

唐玄宗极不高兴，自称满腹经纶的礼部尚书竟然也一字不识。

接着玄宗又问翰林院的张垍。张垍那温文尔雅的笑容也僵住了。

朝堂一片寂静。

唐玄宗压着怒火，脸色却很不好，他本以为大唐盛世，朝廷中人才济济，没想到在临阵当头竟然没有一个人能有一些基本的翻译能力，真是丢人。

眼见众大臣都低着头一语不发，殿堂中间的使臣看着这一切，更觉可笑，暗叹："大唐也不过如此啊！"脸上还不时地流露出得意的神色。

唐玄宗已经觉得十分尴尬。

"李白自幼就在西域长大，想必他的父母从小就教过其番文蛮字，可能李白能识此书。"贺知章突然开口。

唐玄宗眼睛一亮。

贺知章又开口道："今日天色已晚，不如先让奔波劳累了的藩国使臣先休息，明日一早再召见李白。"

唐玄宗想了想，最好如此，退朝后便吩咐速

速问询李白。

其实贺知章在向皇上推荐李白时，心里也是胆战心惊的，只听他在西域待过，还真不确信李白是否认识番文蛮字。

一退朝，贺知章便匆忙乘轿往翰林院赶去。刚刚是为了化解对峙他才开口，其实很担心自己举荐失人。若是李白不行，他今天必须再找一个能译的人出来——若是自己一大把年纪还要背上“欺君之罪”，那还得了。

见到了李白，贺知章神色急迫、匆匆开口。李白笑了笑，只叫贺老放心。

出乎意料的是李白的住处今晚还真热闹，贺知章前脚出门，张垍后脚就进来了。

他笑着，轻声道：“明天还得靠太白兄为我们翰林院出口气呢，至少让他们知道我们翰林院不是窝囊之地。”

李白对张垍笑道：“真难为你说这样的话，多年的胃病可是好些了？”

连鞠两躬后张垍才有所宽心地离开了李白的住处。

第二日，满朝文武早早地就在殿内等候皇上。

唐玄宗直接让高力士把番书递到李白的手里。

李白翻开仔细一看，虽与大唐的汉字完全不一样，但从小在西域长大的他对这种文字早就习以为常了，何况家中人皆通其文，自己也曾学过。

当下李白从头至尾认真地看了起来，笑道：“通若白话。”

闻此言，原本鸦雀无声的殿堂顷刻间活跃了起来，大臣们交头接耳地议论着。唐玄宗保持着威严，沉声道：“但讲无妨。”

李白逐字逐句、毫无半句歪曲之言地翻译给唐玄宗听。

越听唐玄宗的龙颜越怒，对方口出狂言说不讲和就战场厮杀一见高低。玄宗自登基以来，邻邦之国，从来就没有哪个敢在大唐面前这么傲慢无礼。

唐玄宗恨不得马上派兵扫平那小国。

但是他很快就冷静下来，想到了太宗三征高句丽时的教训，虽然最后获取了胜利，但大唐为此付出了很大的代价，死伤无数，粮食也耗费巨大。说实话，战争只会增加老百姓的痛苦，而今，处在太平盛世的大唐，莫非还要为这么点儿事动干戈?

经过大臣的一番讨论，决定用这番文蛮字草成国书回之，晓之以理，动之以情，宣之以威，必能降服小国。

看来只有再次劳驾李翰林了。

人人都知道李白从来就是“斗酒诗百篇”，酒喝得越好越多，思潮也就越澎湃，写的文章也就越有灵气。

皇上立刻传内侍速送后宫陈年御酒至大殿，供李白畅饮。

转眼，酒酣耳热，李白抓起毛笔，想了想，竟像在自己家里一样，宽衣解带不算，还要脱靴，朝中大臣皆目瞪口呆。也该着高力士倒霉，他正好站在李白身旁，李白现在连皇上都没放在眼里，何况阻碍自己仕途、平素就讨厌的宦官高力士。李白趁势说：“右相杨国忠、太尉高力士看不惯我呢，这二人站在陛下面前，臣神气不旺。臣今代皇上起草诏书，需神旺气盛，乞命杨国忠磨墨，高力士脱靴，以示宠异，也使番邦使者不敢轻视。”

李白这话一说出，杨国忠恼怒地瞪着眼望着

李白，眼珠子都快掉下来了。

说着，李白则转向高力士道："怎么样，把靴给我脱了吧?"他带着一丝笑意。

高力士像是没听明白，圆圆的脸有点儿发愣。

李白撩开袍子伸出脚，他可不管深浅，性子来了，太岁头上动土的事也不是没做过。

朝堂一片寂静。

唐玄宗笑眯眯的表情几乎是僵在脸上，他望着高力士，好奇着自己的大管家要如何应付。

高力士知道自己此时最好的也是唯一的办法就是维护皇上，突出自己才是有格局、识大体的那一个，只有这样才能对比出李白是多么霸道、冷酷、不识抬举，所以哪怕李白仅仅是一个翰林待诏，他也真的跪在地上，小心翼翼地替李白脱了靴。

朝中大臣连大气也不敢出一下，就连唐玄宗也看傻了眼，眉眼里凝出了一些难以捕捉的近乎严肃的情绪。

脱毕，李白撸了撸袖子，哈哈大笑。

皇上怕李白不清醒，随即还吩咐御厨送来醒酒汤赐予李白。

这时，藩国使臣被召上了大殿，照例朝拜，只是态度看得出些许怠慢。

李白遂在椅上高声翻译，朗朗的声音回荡在大殿上。

那使臣越来越失色，心想：此处能人甚多，想必国力也甚足，吾国还是与贵国友好为邦，永息干戈甚好，至于确切结果，还是先看看情形再说。

片刻之后，李白在国舅的伺候下开始为皇上代笔答书。众人都捏了一把汗，不知道李白是否能够写好这份答书，真的威慑怯敌。李白却看上去不慌不忙、满怀自信。

很快，一份用番文蛮字书写的答书就完成了，其内容首先对傲慢无礼的藩国进行铿锵有力地反击，然后引经据典、有理有据地描述大唐如何强大、繁盛。且大唐与藩国相比，可谓石头与鸡蛋，既然两方不能相妥协，那也只能兵器相见，后果自负。整个文章气势贯通，措辞气派，语气上也是轻重兼备、筋骨内藏。

使臣见书后，惊慌失措，长跪于地，请求大唐皇上宽宏大量，原谅他国的出言不逊和傲慢无礼，并保证归国后力主他国国君以和为贵，永息干戈。

唐玄宗大度地挥了挥手，道：“告诉你们的王，莫再随意挑衅了。”

退朝后，大唐盛宴款待了使臣。那使臣一直目不转睛地盯着李白看，心里一直纳闷儿着那个洒脱自在的翰林学士李白是何路神仙，多大的官职。

一旁的贺知章似乎看透了使臣的心思，便开玩笑道：“翰林学士李白是真的神仙下凡，玉帝让其来辅佐大唐皇上的，所以大唐才如此繁荣昌盛、兵强马壮。”

使臣虎着脸，望着李白的眼神有疑惑，有叹服。

使臣走后，群臣退下，那高力士亦扶着唐玄宗向皇宫走去。

突然，老宦官“哇”地哭了起来，边哭边道：“耻辱啊，我一辈子也只给皇上脱过靴戴过帽，今天居然在众目睽睽之下为一个小小的翰林学士脱靴……”

唐玄宗安慰道：“这个李太白，就是一副穷

相，你别跟他一般见识。”

不久，藩国又第二次派使臣前往长安，这次带来名马千匹和许多贡品及其降书以示臣服。这下可让唐玄宗乐开了花，他既没有损一兵一将也没耗费丁点儿粮食就让藩国进贡臣服，无论如何李翰林这次立下了大功。也许可以让他升官，也确实有朝臣这么建议。只是……正想着，突然听见高力士柔声道：“皇上，娘娘还在等您呢。”

其实，朝中除了个别有些个性的人还算欣赏李白，觉得他能力并不弱，但很多人对他避之不及，因为他遣词用句的脑袋太灵活，人又太直接，脾气古怪还不喜欢说场面话，而且人也不守规矩，动不动就打着写诗的名义喝得烂醉，和一帮市井之人勾肩搭背，没有体统。大家总觉得他是异类，他也常常写一些讽刺挖苦自己所在环境和周边人物的诗，没大没小。

这般任性，自然有时也让唐玄宗很不自在，更讨厌的是他在自己面前也不怎么识抬举。比如玄宗曾问李白自己和武则天在用人上的特点，李白其实很想让他高兴，可是话说出来却成了“则天皇后任人，好比小儿买瓜，不管香味如何，只捡些肥大的。陛下您任人，却好比淘沙取金、剖石采玉，但求最好”。玄宗大笑，却总觉得哪里不对，像是自己不择手段似的。

玄宗不喜欢他了，除了李白，很多人也嗅到了这个味道，进谗言的人也就更多了些。

然而觉得自己立了大功受到表扬的李白还等着加官晋爵，这样一来自己就有了宽敞的住宅，就可以接一双儿女进京居住。

此时，杨府内。

杨国忠等人正聚在一起共商对策，想趁李白还未腾达之际想尽一切办法除掉他。

“凭我二人的权势，让他知难而退？”杨国忠问高力士。

“他理会过吗？你的权势还是我的权势？”高力士讽刺道。

“要么借李白常醉卧长安街头，不成体统，有损朝廷形象，把李白给贬了……只是……李白名气又那么大，怕被人议论啊。”

突然，张垍微笑道：“那《清平调》，二位没觉得有什么不妥吗？”

“这……”

半晌，杨国忠拍掌道："看来姜这东西，未必老的辣，小的也不差啊，哈哈……"

张垍道："那《清平调》说'一枝红艳露凝香，云雨巫山枉断肠。'虽表面上说贵妃娘娘美貌绝伦，是个倾国倾城的美人，就连巫山神女也比不上，但宋玉的作品里，楚襄王与他父亲可是共神女一人，这不是暗地里讽刺唐玄宗父子同妻一女吗？你们也知道，当年，贵妃可是玄宗的儿媳妇……"说着，张垍看了看杨国忠，"如今李白旧事重提，像是讽刺带挖苦，就凭这句话皇上也不会那么轻易地放过他。"

"是啊！"杨国忠点头，"还有那句'借问汉宫谁得似？可怜飞燕倚新妆。'这句话本是借赵飞燕夸贵妃貌美，但若说李白是借赵飞燕的身体娇小轻盈来讥讽贵妃的丰满肥重也未尝不可。"

"只要让贵妃对李白产生恨意，惩治李白的法子就有的是了。"

到底该由谁去捅呢？

"国忠？"

"不行不行，我的话在妹妹那儿最没分量，还是'老爹'吧。"

这日，贵妃娘娘独自一人从寝宫出来，漫步到兴庆宫，接着又往沉香亭走去。望着那一片已凋谢的牡丹，贵妃不由得想起前些时候和唐玄宗共赏牡丹的情景，情不自禁地吟诵起李白写的那三首诗——《清平调》。当吟诵到有关巫山神女和赵飞燕那几句时，脸上还不时地泛起了红晕。

这时，在一旁暗中观察好一会儿的高力士趁贵妃娘娘高兴，从亭中冒了出来，道："这么巧啊，娘娘也在此！"

杨贵妃点头，道："真想让李翰林再写点儿词啊。"

"唉……娘娘不要再劳神念那什么《清平调》了。"

"嗯？"

而高力士呢，还支支吾吾地说不敢直言，直到贵妃娘娘松口叫他有话直言，恕其无罪时，他才吞吞吐吐地解释。

当即，杨贵妃气得柳目圆睁，直怒道："好一个李翰林，胆敢侮辱本宫。"

见娘娘如此动怒，一旁的高力士"诚惶诚恐"地道："娘娘恕罪，千万莫生气，伤了身体可叫皇上心疼啊。”

没过多久，李白的颂歌《清平调》在唐玄宗的耳边成了一首讥讽诗，尤其不能忍受所谓的“巫山神女”，一气之下就要下旨砍掉李白的头。

幸好唐玄宗也是喜好写诗的人，很快冷静下来，仔细一想，自己平日待李白又不薄，每逢宴请或郊游时都少不了要李白随从着，李白没有理由要如此讥讽他唐玄宗。再说对于一个喜好写诗的人来说，引经据典是必不可少的，赵飞燕本就指代美女嘛。如果就这样定李白的罪那岂不显得自己不够大度……而一旁的爱妃正委屈着呢……

唐玄宗为了讨爱妃的欢心，保证只会让李白做个无权无职的翰林学士，不会让他升官加爵。后来也由于杨贵妃的反对，李白就很少被唐玄宗召入宫了，李白也就这样被疏远了。

李白隐约有一点儿明白自己并不适合待在宫里，但他觉得自己只是缺乏机会，只要真正能和皇上有除了诗文之外的交流，皇上就会明白他早年那些纵横之术不是白学的。但其实他也没有那么自信，毕竟他连自己在宫里的人际关系都搞得不怎么好，虽然他觉得那是因为自己不在乎、嫌麻烦，可是他没想过，一个学不会压抑自我的人，一个并不真正把“政治的人”贯彻在自己骨血里的诗人，即便空有聪慧和论辩的能力，也难以在面对真实的政治环境时，事事周全理智。

然而此时，李白看到王朝内部灰暗的一面，愈加无奈与厌恶，而贺知章也已因病告老还乡，舍宅为观，请为道士。

李白只得在园中自斟自饮。

还是月亮好看，千百年就这样悬在天际，仿佛任谁都可以对她诉说心事。月亮也挺幸福的吧，人们在望向她的时候，不管是什么人，在那一刻都是有一些善良、澄明的……然而为什么，为什么此刻的明月看上去那么孤独？

李白已有七分醉意，他笑笑，对着月亮说：“怎么，你旁边连颗陪你的星星也没有吗？”

说着，他又拿过一个酒杯，斟满，步履踉跄地说：“不如你我共醉吧……啊……还有你……”他蓦然看见随着自己零乱的脚步同样零乱的影子，又对影子举了举杯。

“这样，便是三个人了……哈哈，我吟首诗来你们听听……”

花间一壶酒，独酌无相亲。
举杯邀明月，对影成三人。
月既不解饮，影徒随我身。
暂伴月将影，行乐须及春。
我歌月徘徊，我舞影零乱。
醒时同交欢，醉后各分散。
永结无情游，相期邈云汉。

是啊，一切都不过是过眼云烟，可是为什么还是觉得不甘？说到底，心底依然觉得自己对大唐有责任，依然认为“圣人含道映物，贤者澄怀味像”，谁不想做圣人？能以道观万物，包括治理天下。贤者确实心境澄澈无功利，可除了自我情感的抒发，又留下什么、改变了什么呢？对李白来说，诗是全部，却又实在不算什么。

月光透彻地洒在地上，照着那亦歌亦舞的影子。她那么用力地洒下自己的光辉，仿佛害怕辜负了那孤独的灵魂。

一天又一天。

他突然不想再这样继续下去了，这样醉生梦死的日子，一次次写些繁华辞藻的句子，只为了那近乎渺茫的梦想，却近乎被淹没。

他看不起那些势利小人，他发泄似的作弄他们。然而一次次酒醒后，他明白，自己不过是离自己的梦想越来越远。

就这样离去吗？从看似可以自傲的高度掉回到地面？在已经生了白发的时候？

怎样的挣扎和矛盾？——

金樽清酒斗十千，
玉盘珍羞直万钱。
停杯投箸不能食，
拔剑四顾心茫然。
欲渡黄河冰塞川，
将登太行雪满山。
闲来垂钓碧溪上，
忽复乘舟梦日边。
行路难！
行路难！
多歧路，
今安在？
长风破浪会有时，
直挂云帆济沧海。

李白吟完最后一句，突然感觉有泪滴在自己握着剑的手背上。他狠狠闭上眼，让风把眼角的泪吹走，笑了笑，仰天长叹道：“长风破浪会有时，总会有时！”

几天后，李白草成一书，奏请放还。

“乍向草中耿介死，不求黄金笼下生。”——与其这样沉溺在庸俗中，禁锢在牢笼里做一个摇尾乞怜的弄臣，还不如返璞归真，回归大自然，去寻我那未寻完的洞窟。

不久，李白写下了不朽的诗篇《梦游天姥吟留别》——

海客谈瀛洲，烟涛微茫信难求。
越人语天姥，云霓明灭或可睹。
天姥连天向天横，势拔五岳掩赤城。
天台四万八千丈，对此欲倒东南倾。
我欲因之梦吴越，一夜飞度镜湖月。
湖月照我影，送我至剡溪。
谢公宿处今尚在，渌水荡漾清猿啼。
脚著谢公屐，身登青云梯。
半壁见海日，空中闻天鸡。
千岩万转路不定，迷花倚石忽已暝。

熊咆龙吟殷岩泉，栗深林兮惊层巅。
云青青兮欲雨，水澹澹兮生烟。
列缺霹雳，丘峦崩摧。
洞天石扇，訇然中开。
青冥浩荡不见底，日月照耀金银台。
霓为衣兮风为马，云之君兮纷纷而来下。
虎鼓瑟兮鸾回车，仙之人兮列如麻。
忽魂悸以魄动，怳惊起而长嗟。
唯觉时之枕席，失向来之烟霞。
世间行乐亦如此，古来万事东流水。
别君去兮何时还？且放白鹿青崖间，
须行即骑访名山。
安能摧眉折腰事权贵，使我不得开心颜！

本来唐玄宗还是有挽留李白之意的，毕竟李白才华横溢、文思泉涌，假使他这样一走，朝廷应是少了些许乐趣。算了……贵妃已不喜欢他了……

唐玄宗在奏章上批阅了几个字：“恩准还山。”想了想，又添了几个字——“赐金一万两，青鬃宝马一匹。”

“看来皇上还待我不薄。”李白笑笑。

失望还是解脱？他自己也不知道，只是不平则鸣是亘古的道理，那些最为荡气回肠的诗，也是写在这个时候，以及伴随着唐王朝盛世华章渐渐落幕的未来的许多时候。

第六章
梁园之恋

“双星”聚首

李白在友人的目送下离开了长安，踏上了那条他已熟悉万分的东归路。朋友安慰他说离开是好的，现在朝中李林甫当权，以前张九龄还能直言上谏，李林甫把张九龄祸害走，又摸准了玄宗的脾气，已经口蜜腹剑地算计和扳倒了一大批人，稍微有点儿能力的人都被他折腾得焦头烂额，留在朝中的都是些混吃等死的人，你啊，还是去做你的云游仙人吧。

没错，李林甫主持的科举考试，这一年竟无一人入榜。他对整日只知看杨贵妃跳舞的唐玄宗说：“我大唐之人才看来都已齐聚殿下了。”

而杜甫也正是这科举的受害者。

杜甫和李白不同，他是认真读着正统典籍长大的孩子，从小就知道家族荣誉的重要，充满了担当。这个西晋名将杜预的后人，唐初诗人杜审言的孙子，祖训就是好好读书，要刻苦，要有扎实的功底。不过他也有和李白一样的地方，就是文思敏捷，从小就有遣词的天赋，七岁时就能吟咏凤凰，十四五岁时，已在洛阳文坛崭露头角，当地名士觉得他很有班固、扬雄的味道。

就像李白所说的“大丈夫必有四方之志，乃仗剑去国，辞亲远游。”杜甫也一样，“四方之志”既是增长见识，也是在为自己将来的生活寻求出路。同样的苏杭之旅，他们写下了很多的怀古与忧思，只不过同样的齐鲁游历，李白写了《嘲鲁儒》，杜甫写出了《望岳》——“会当凌绝顶，一览众山小。”也许是经历和年纪不同，虽然经历了科举的失败，但杜甫依然还在努力重整旗鼓；虽然同样是谋求仕途，杜甫是真正的满脑袋都是国家，担忧着国家的隐患：穷兵黩武、边将好战喜功、征戍频繁、赋役繁重。而此时的李白，除了喝酒，也实在懒得嘲笑别人。

也许能将他们吸引在一起的更内在的一致在于他们都属于并不擅长谋求出路的人。

此时，杜甫因祖母范阳太君之丧奔走，祖母归葬偃师后的夏天，他也来到了洛阳。

该怎样描绘唐代文坛两颗巨星的聚首呢？也许我们不禁要感动了，历史并没有在那短暂的日子有所顾惜地停留，然而它却将这两颗灵魂的碰撞用诗的方式留存了下来。一个对于人间苦难的感知与悲悯，一个对于自由的无限向往与腾飞的热望，以及共有的对生命尊严的呼唤，对人生理想的渴望与追求。他们是矛盾的，是互补的，是归元无二的。

何况还有那写在一起时的诗酒轻狂，那酒酣后登高怀古时叫嚷的理想和那时头顶飞过的鹰……

李白隐居洛阳没多久，二人在一场酒宴打过照面后，心思飘摇的李白并没有太多印象，但三十多岁的杜甫有些“着迷”，决心登门拜访。

几日大雨，山路颇有些泥泞，寻到李白住处当真不易，连问好几个道童，才敢敲门。

屋内无人，地上有好几个空酒坛，墙角还有

几坛酒封着泥封，桌上有套看似精美的笔砚，亦有一沓诗稿。

杜甫笑了笑，捧起诗稿，轻声念着——

松柏本孤直，难为桃李颜。
昭昭严子陵，垂钓沧波间。
身将客星隐，心与浮云闲。
长揖万乘君，还归富春山。
清风洒六合，邈然不可攀。
使我长叹息，冥栖岩石间。

他放下诗稿，突然心酸起来，其实“谪仙人”这些年在皇宫也受了很多委屈吧！他的诗乍看旷达之豪气无人能敌，背后总仿佛藏着些许无奈。

然而杜甫也看见了，某种自由独立的精神让他永远还是保持着近乎天真的乐观。看着那诗稿，杜甫不禁挺了挺脊梁。

杜甫素来善感，此时心潮澎湃，忍不住提起桌上的半坛酒倒入碗中，仰头而尽。

突然听见一个声音笑道：“好酒量！只是怎么一个人喝也不等主人回来？”

杜甫忙起身，只见一身着白衣、道人打扮的

男子笑着走进屋，身上湿湿地淌着水，不由分说拿起杜甫用的碗又自倒满，一饮而尽。

杜甫看见他满身是水，知道外面又下雨了，忙说："您快换了衣服吧，免得生病。"

李白哈哈大笑道："我以为你到我这屋中避雨，怎么反倒像是我进你家中避雨一般。"

杜甫有些窘迫道："之前没能好好说些话，想着还是要来见见'谪仙人'。"

李白笑道："什么'谪仙人'，'汤仙人'还差不多。"说着，便进里屋换衣。

不多时李白自里屋出来，坦然潇洒。他打量着眼前这个清瘦的年轻人，他有着凸出的颧骨，甚至穿的有些穷酸。

杜甫咧嘴笑了笑，本想说些什么，如"前来打扰，多有冒昧，失敬失敬"之类的话，突然觉得没必要了。

他又寻来一只碗，将那两只碗倒满酒，笑道："人说你是'酒中仙'，我也是从小喝酒，今日倒想看看是否拼得过你，以后写诗也好豪放些。"

李白笑道："子美的沉郁自成风骨，可是别人学不来的，可别像我这'酒中仙'，没事把自己淋成落汤鸡，只好躲到这山里的草庐来。”

杜甫喝尽碗中的酒，忍不住道：“不知哪个说的‘男儿志在四方’，只可惜天下并无四方，只有些‘狗洞’要人爬罢了。”

两人一言一语，转眼，地上又多了几个空酒坛，而两人也依稀只说些醉话了。

两人皆醉倒在地，墙角泥封的酒坛已没有了，而地上的诗稿，依稀还辨得出豪放的草书中还有几页是工整的篆书。光照在那墨字上，闪着灵动的光，让人觉得这些字在最为深远的地方相遇相通，那是一个常人难以企及的自由自在的高度，那里也许只有他们两个。

后面的那段日子，两位大诗人更加亲密无间，同床抵足，宛如兄弟。李白喜欢这个小兄弟，他是那种直肠直肚的人，有时候一副苦大仇深的样子也是因为太善良，很多事都想弄清楚来龙去脉，再找出个一二三的对策。李白就不想，他至今也没完全弄明白他怎么就无法留在宫里，他实在是个怕麻烦的人，何况弄清楚只是更觉得污浊。但是李白有一点儿疼惜这个弟弟，他无法打击他同样想济世救民、承担责任并且实现人生价值的理想，但既然没有机会，他能想到的也就是带他各处走走，去看看神仙住的地方，让他开心一点儿。

于是，从来没什么道学追求的杜甫被李白拉着求仙访道。二人越过黄河，来到了王屋山，去寻访道士华盖君，难过的是后来知道华已羽化，所在之地也是一片荒芜。二人感慨许久，杜甫宽慰了李白，李白也越发珍惜彼此的情谊。而在杜甫的记忆里，那些游山访道的日子成为他关于李白、关于友情最深刻的记忆。他后来写了很多诗给李白，至死未忘这个朋友。

几天后，杜甫有事要告辞。

他们相约梁园再见。

《将进酒》

此时丹丘子外出云游回到了离洛阳几十公里远的老家。

他寄给李白一封信，介绍说洛阳小兄弟岑勋和自己在一起，想见李白，还附上了岑勋的信。

信中写道：小弟岑勋对先生的高风亮节思慕已久，只是一直机不逢时，致未曾谋面。今三生有幸，得闻先生已到洛阳一游，自知机会难得，特设酒宴，务必请先生到寒舍一坐。

李白与岑勋虽未曾谋过面，但是多年来与丹丘子相交，曾多次听丹丘子提起过，想必又是和他志趣相投的一位友人。

第二天，李白一大早就从洛阳出发前往，傍晚时分就到了地方。

岑勋看似文弱，喝起酒来却叫李白吃惊。

三人开怀畅饮，高谈阔论。

虽然喝酒很快，但岑勋面不改色。

李白自不服输，居然拿起酒坛直接喝了起来。

丹丘子和岑勋见李白的酒品太诚恳，怕他喝多伤及身体，执意要送李白回房休息。可李白却踉踉跄跄地把他们俩推开，手舞足蹈地想证明自己还没有醉。

丹丘子和岑勋借说酒都被喝光了，两人都已没钱买酒了。

李白大笑道："无妨无妨，哈哈哈哈，我有御赐的千里马可以用来换酒喝！"

说完李白站起来，摇摇晃晃地走到桌案旁，抓起笔道："我写首诗，写得好你们得陪我继续喝。"

尽管手中的笔略微在颤抖，但是李白脸色发

红，眼神明亮如星。

一会儿，一首《将进酒》就这样被痴痴癫癫的李白畅快而作。

写完，李白把手中的笔一甩，倒地酣然大睡起来。

看来他真的醉了。

丹丘子和岑勋拿起纸一字一句地仔细读了起来：

君不见黄河之水天上来，奔流到海不复回。

君不见高堂明镜悲白发，朝如青丝暮成雪。

人生得意须尽欢，莫使金樽空对月。

天生我材必有用，千金散尽还复来。

烹羊宰牛且为乐，会须一饮三百杯。

岑夫子，丹丘生，将进酒，杯莫停。

与君歌一曲，请君为我倾耳听。

钟鼓馔玉不足贵，但愿长醉不复醒。

古来圣贤皆寂寞，唯有饮者留其名。

陈王昔时宴平乐，斗酒十千恣欢谑。

主人何为言少钱，径须沽取对君酌。

五花马，千金裘，呼儿将出换美酒，与尔同销万古愁。

这是多么复杂的情感呢？究竟是狂放和自我，还是想一醉方休的颓废，抑或理想与现实的冲突逼人发狂？酒是个好东西，为什么要思考那些生不带来死不带去的东西？如果根本不在意，一切又能奈我何？可怜人总是强迫自己追逐着不可得的东西，即便成了圣贤也像是荒废了一生，何况又有几人真正成了圣贤？喝酒，还是喝酒吧，喝醉了，所失所得都会忘记，是人是仙都善待自己。

快意梁园

冬日的北国，放眼望去，目之所及一片银装素裹。李白就是冒着这寒冷天气前行着，他要赴梁园之约。

没想到杜甫早就在那里等候了。

好友相见，两人格外亲密。

而高适的加入，三人谈诗、喝酒、谈政治，在这里度过了一个热闹的冬天。

高适比李白小三岁，同样出身不俗：祖父是唐高宗时期的名将，父亲曾任韶州长史。高适少时学书学剑，自负亦有抱负，却不屑走科举之路，始终雄心勃勃以为获取公卿之位不在话下，但一直潦倒失意，长期客居在梁宋，种地、钓鱼、写诗。

此时高适很有诗名，李白和杜甫趁着梁宋之游当然要见他。

此后的一段日子里，三人同上酒楼，同登城东南的吹台，同游梁宋胜迹，饮酒作诗，任情纵性，看到梁园的历史遗迹，不禁为历史沧桑巨变而感叹。

梁园是西汉文帝的二儿子梁孝王刘武建的离宫，本有诸多名胜之景。南北朝战乱之后，梁园已然荒芜，但断壁残垣仍在，看起来无比令人伤感。

三人皆有诗人的敏感，又各自经历了许多坎坷，知道唐王朝的边境似乎有许多麻烦，可是朝廷却视而不见、充耳不闻。他们一路看见诸多纷扰乱象，担心有一天会天下大乱，但作为三个大唐的“点缀”和边缘人，似乎没有谁真正在乎他们的声音。杜甫倒是一直在孜孜不倦地写东写西，可是也没有什么用。

三人还曾在漫天雪地里射猎。

那是因为高适提议出去猎些野味，举行野宴，想必一定别有一番风味。

于是三人骑马跑到了几十里长的一块沼泽地，李白仰头，稀疏可以看见几只还未来得及回归南方过冬的雁在高空中回旋着。李白张弓搭箭瞄准其中的一只，把弦上绷紧的箭一放，只见一只带箭的雁翻着筋斗“啪”的一声重重地落在地上。李白高兴得大喊大叫——只是用来试下箭法而已，但没想到自己竟能一箭命中。

他一把抓起猎获之物高举在空中，一边大声喊着一边策马飞奔，一下子竟跑了十几里。不远处的高适还以为发生了什么事情吓坏了李白。

杜甫早就翻身下马静悄悄地隐藏在杂草丛中，不急不躁、一心一意只等猎物的出现。但在这样的冰天雪地里，寒风凛冽，动物的出现更需要等待时机。两三个时辰过去了，还不见任何动静。杜甫依旧一如既往地四下观察。

只是一瞬，不远处的草丛中有着细微的动静，杜甫靠近一瞧，原来草丛中隐现着一只野兔。这下杜甫立马张弓搭箭，看得真切后，即把弓拉满，“嗖”的一声，射出的箭直向野兔的要害之处飞去，野兔当即就毙命倒地了。

高适也不含糊，猎到一只狐狸。

到了傍晚时分，三人带着各自捕获的猎物会合一处，李白的雁，杜甫的野兔，高适的狐狸。虽然猎物不多，但让他们三个饱餐一顿是绰绰有余的。

很快三人就在郊野生起火来，一同动手把猎物烤熟，再共饮几杯美酒，真的是畅快淋漓啊！

末了，李白笑道："想来还是达夫厉害。"

"嗯？莫非你喜欢狐狸肉？"

李白摇摇头，开玩笑道："狐狸狡猾，达夫嘛……哈哈……自然得技高一筹才行。"

那是怎样一段难得的日子呢？探讨诗文、议论朝政、畅谈抱负，并约定只要以后谁能青云得路，三人定将一起同甘苦、共患难。

杜甫后来回忆起这次梁宋之游时还写出一篇情真意切的诗篇《遣怀》，说是"忆与高李辈，论交入酒垆。两公壮藻思，得我色敷腴。气酣登吹台，怀古视平芜。"很多当年的事，都是年龄最小、絮絮叨叨的杜甫告诉我们的。

再结姻缘

在梁园的这段时日里，好友三人极一时游赏

盛事，还成就了李白的又一段姻缘佳话：高适得知李白壮年失妻时，在惋惜和安慰之余，却不禁想做件成人之美的事。

高适跟一个青年是至交，名叫宗璟。

和李白的第一任妻子的家世有些相像，宗家是落魄的大户，祖父叫宗楚客，是武则天的侄子，也曾官至宰相。

到宗璟的父母这儿，便是做些本分生意养活全家。随着儿女渐渐长大，因家庭变故而一直郁郁寡欢的父母很快就相继离开了人世，只剩下宗璟姐弟俩和一个老仆人相依为命。

那时的姐姐已经长成了一个大姑娘了，她叫宗芸，天资聪慧、悟性高、知书达礼。生在这样一个家庭，她很早就看透了功名利禄，于是自幼好道，甘心淡泊。

由于家庭的变故，姐姐宗芸为了养育年幼的弟弟宗璟从而一再拖延自己的婚事。弟弟幼时，宗芸不仅要打理家庭上下的事务，还要勤教弟弟读书写字以及为人的一些道理。弟弟长大了，她却也并不想结婚。其实今天的我们也能理解，一般人没有什么知识修养，她无法接受，而大户人家又有谁会接受她呢？勉强为之，她还要受气。此前也有过提亲的人家，是一些靠着祖宗吃饭的纨绔子弟，没有一点儿真才实学，所以宗芸宁愿等弟弟宗璟成家立业了，自己以修仙学道终了一生。

平日里，宗芸空闲之余诵读诗书、打坐念经，有时和宗璟一起勤学自勉、切磋诗文。

近些年来，姐弟俩都喜欢上了李白的诗，实在很对自家胃口，于是时时背诵，对李白的新作甚是留心注意，生怕遗漏。每读到一首，两人也都反复回味，跟着太白的诗情绪起起落落。两人还经常讨论李白的诗到深夜，尤以之为乐。

高适猜测，如果宗璟得知李白云游至梁园的消息，必定会来拜访李白。

接下来的几天，高适硬把李白“困”在府上，饮酒、下棋，就是不提外出郊游。

每次看到高适躺在那里闭目养神，杜甫就感到有点儿不适应，笑道：“达夫，平日就你最好动，这几天怎么变了呆头鸟？”

高适笑而不答。

没过几天，真如高适所料，宗璟登门造访，

欣喜若狂地拜见了三位诗人，但更多的目光停留在了李白身上。

只见李白一身灰白素装，举手投足依然潇洒如仙，只是那丝丝的白发在黑发的衬托下更加显眼了，但是这更让李白显现出壮年男子的一种成熟稳重感。

酒席间，宗璟盛邀三人于府上一坐。

宗璟话一说完，高适大笑道："自是一定！明日我们三人一定过门叨扰。"

当宗芸得知三位诗人要明日一起前来她家做客时，一时觉得不可思议，难道梦寐以求竟会成真？

开心之余，姐弟俩把家的里里外外都干净利落地打扫了一遍。

一大清早，未等鸡啼宗芸便醒了，稍事打扮，仔仔细细地梳了发髻，选了漂亮的衣服穿好，依然有些紧张。弟弟宗璟则备好马车前往梁园酒家接三位诗人。

宗芸准备酒菜。

一切都准备就绪时，客人已到。

李白看着眼前两姐弟不由得感慨万分，一来

想起前妻，二来看到宗芸、宗璟依然教养甚佳，且姐姐自有一派洒脱和仙风道骨，对姐姐的敬意由此而生。其实也是因为昨晚三人闲谈之际，高适嘀咕了许久，讲姐弟俩一生中的经历以及如何待人处事，讲姐姐宗芸是如何为了弟弟牺牲自己的青春年华。

酒菜精致味美，众人开怀畅饮，宗芸也会喝酒，这倒让李白意外。

高适趁李白酒兴正浓，便极力要求李白借着酒兴来一展才华。一旁的宗家姐弟俩更求之不得，尤其是弟弟宗璟，拍着手极力喝彩。

面对着两个对诗如此痴迷的主人，李白当仁不让，当即就想到他最近新写的长诗《梁园吟》——

我浮黄河去京阙，挂席欲进波连山。
天长水阔厌远涉，访古始及平台间。
平台为客忧思多，对酒遂作《梁园歌》。
却忆蓬池阮公咏，因吟“渌水扬洪波”。
洪波浩荡迷旧国，路远西归安可得！
人生达命岂暇愁，且饮美酒登高楼。
平头奴子摇大扇，五月不热疑清秋。

玉盘杨梅为君设，吴盐如花皎白雪。
持盐把酒但饮之，莫学夷齐事高洁。
昔人豪贵信陵君，今人耕种信陵坟。
荒城虚照碧山月，古木尽入苍梧云。
梁王宫阙今安在？枚马先归不相待。
舞影歌声散渌池，空馀汴水东流海。
沈吟此事泪满衣，黄金买醉未能归。
连呼五白行六博，分曹赌酒酣驰晖。
歌且谣，意方远，东山高卧时起来，
欲济苍生未应晚。

《梁园吟》从离开京城写起，李白将一路以来的心态、情绪都写了出来，尤其是在荒颓的梁园旧址，毕竟那是和自己喜欢的枚乘、司马相如有关的梁园。万事都有盛衰，虽然能看透，可是对眼下的自己来说，却是手头有着被“遣送”的钱，却连回家的颜面都没有……那就赌钱吧，喝酒吧，一样是快活的不是吗？说不定什么时候皇上想通了，我就又可以济世救苍生了。

李白吟诵期间，在座的几位都听得十分入神，全场十分寂静，直到他诵完最后的一段，大家也无任何反应。每个人都在回味，有的人被李白的气魄感动，有的人惊叹于他的文采和用典。

然而宗芸是疼惜的。李白并不是个只追求面子说些空话的人，他不隐藏自己的矛盾，她也知道，说到底从宫中被“赐金归乡”对一个人的自尊心是有很大挫伤的。她看到一个向来潇洒的灵魂在这些精神的困境中不断地冲击和抗争，以及他心中燃烧着的一团火焰始终没有让他丢弃追求和信心。

“宗小姐怎么看？”有人问。

宗芸看到李白也颇感兴趣地望向自己，眼神里有一些期待。

宗芸有些紧张：“嗯……此诗意蕴深刻、辞藻典雅、情绪强烈……但似乎并不适合在百姓中普及……”

话毕，在座的几位都有些意外。

李白却笑望着宗芸，道：“宗小姐有何高见？”

“因为……因为我想很多人听不懂……听不懂你想说的……”说着，宗芸红了脸。

李白愣了一下，沉默半晌，笑道：“宗芸小姐的见解果然有独到之处。这首诗的确只适合那些很有阅历的人，也许百姓们不会喜欢吧。”

“不……”宗芸还想说什么，被弟弟敬的酒挡住了。

李白仔细打量眼前这位女主人，她身形修长，容色清秀，眼睛明亮但又充满了平静，乌黑的头发绾成一个精巧的发髻，额间几丝碎发落下飘在白皙的耳侧。

坐在一旁的杜甫道：“这么纯然美味的饭菜和酣甜可口的酒在镇上酒家是很难吃到的，你们可多吃点儿，莫辜负宗家姐弟的一番情意。”

宴席期间，宗璟姐弟俩还请李白谈了许多关于写诗与赏诗的常识，还有李白在长安几年来的所闻和所感。高适还邀请宗芸为他们弹奏曲子，宗芸低眉笑了笑，拿过了琵琶。

怎样的旋律从那纤纤玉指的拨动中传来？每一个音符，每一个旋律，都好像是在诉说，诉说一些很久远的故事。关于自由的故事，似乎被一些不能改变的现实困锁，但依然不断地唱着。

李白闭上眼睛，他觉得那乐曲叫人心静，叫人在不知不觉的聆听中，眼角突然有泪流出。可是他并不知道这泪、这伤感、这无奈是什么，他只是随波逐流就得到了某种被理解的宽慰。

一曲终了，在座静了好一阵，很快便是一阵热烈的喝彩声。李白也听懂了，他击掌叫道：“好，好，妙极了，请宗小姐趁着兴头儿再来一曲吧！”

宗芸对着大家一笑，又开始了另外一首……

晚上临睡前，高适把宗璟叫到自己的房间里，直接道：“让李白做你的姐夫怎样？”

宗璟一听眼前一亮，他怎么就没想到这事呢？“当然好啊，只怕……只怕……”

高适急忙用手势“嘘”了一声，说：“怕什么，你先去打探一下你姐的……”

话未说完，宗璟已兴冲冲地往姐姐的房间跑去了。

天色这么晚了，也不知姐姐睡了没有，但见不远处的那间闺房还闪烁着微微的烛光。

几声“咚咚”的敲门声惊醒了正面对铜镜浮想联翩的宗芸。当她今天得知自己仰慕已久的太白先生在现在正值壮年之时失去了妻子且还留下一双年幼的儿女的消息，她的情绪更复杂了些……

闻听敲门声得知是弟弟宗璟时，宗芸即刻收起了自己纷乱的思绪。

弟弟宗璟一进房就开门见山，问姐姐对太白先生印象如何。

自从宗璟成年后，姐姐的婚事是他最操心的事，如今高师兄帮姐姐物色了这样一个对象，宗璟真的是喜出望外。

被弟弟这样一问，宗芸一下子不好意思起来。但又想知她者莫过于自己的弟弟了，本来人生就难得遇到几个中意的人。

宗芸轻声道："弟弟你觉得呢？"

"姐姐，我觉得你们的唱和非常完美。"

宗芸不好意思了一下，想瞪他一眼，嘴里却说："那得看太白先生的意思。"

宗璟笑嘻嘻地做了一个鬼脸儿，立马出闺房去和达夫先生回话了。

李白直睡到中午才迷迷糊糊地从睡梦中醒来。由于昨晚喝得太醉了，头到现在都还有点儿昏昏沉沉的。

一睁开眼就看见高适坐在床边正看着他，李白有点儿惊狂了。回想起昨晚自己喝得忘乎所以的情形时，不免觉得自己太过于随意，更担心是不是自己喝得不省人事时有失礼节，达夫前来是不是要将其禀告于我啊，这未免也太丢脸了吧。

正当李白尴尬至极时，高适凑到李白的耳边轻声、严肃地说道：“你先起床漱洗一下，等会儿跟你说件正经事。”

说完即一个人暗暗发笑。

李白生气道：“你有话现在就直说吧，就不要卖关子了。是不是昨晚我有什么失态的地方，你快点儿说吧，我也好早点儿向主人家道歉啊！”

“没事没事，你也别急，你先洗完再说吧。”

李白只好匆忙地漱洗一下。

“你觉得宗芸小姐怎么样啊？”坐定后高适问。

李白不假思索地答道：“宗小姐胆大心细、直言不讳、知书达礼、谈吐不凡，且为了弟弟的成长而不顾个人的婚姻大事，世界上像这样的奇女子可真为之少见！真不愧是相门之后！”

“不如把这相门之后的奇女子许配给你吧。”高适故作正经，很严肃地说道。

“啊？”李白惊讶地叫出了声，“达夫，你开什么玩笑，这可不能胡说！”

“太白兄，我说的都是真的，事关重大，我又哪敢开玩笑啊！”

“难道你还不知道我吗？喜欢浪迹天涯，动不动就身无分文，还嗜酒如命……”

“哈哈，原来不是你不喜欢人家啊！”高适打断道，“放心吧，人家若无意我又怎敢问你。”

次年，李白同宗芸成婚，留在梁园。

天宝四年（745年），高适南游楚地，杜甫西去长安。

这一别，有国难横亘其间，竟成永诀。

第七章 安史之乱

山雨欲来

这天，一封来自塞外的信送到了梁园。

那信是来自友人何昌浩的。何昌浩本是个落第秀才，当年与李白有过结游之情。

此人之前曾在幽州节度使的幕府，不久竟当上了判官，信中充满得意之情。何昌浩此番以主人的身份邀请李白共赏北国风光，他也知道李白素有一身剑术，说是到了幽州会有用武之地。

用武之地？

这句话对李白还是很有吸引力的，尤其是“隐居”一段时间之后。

为何不趁现在还未年老力衰之时到边塞闯一

闯，何况……他又想起了一轮巨大的月亮，还有月亮下目光深邃的“飞将军”李广。

但谁都知道幽州是那个骄横跋扈、杀人如麻的胡人——安禄山管辖的地方。

这安禄山是营州（今辽宁朝阳）人，本名阿荦山（一作轧荦山），意指战斗。父亲本是胡人，母亲阿史德氏是突厥族的女巫。

安禄山年幼时父亲就死了，一直随母亲住在突厥族里。母亲后来嫁给了突厥将军安波注的哥哥安延偃，安禄山也就冒姓安氏，名叫禄山。

安禄山看上去膀大腰圆很凶猛的样子，可是嘴很甜，反应很敏捷，日常看上去总是憨厚甚至憨态可掬。他每次朝见玄宗、贵妃都先拜贵妃再拜皇上，说是胡人的传统都是先拜母亲。玄宗和贵妃觉得好玩儿，都很喜欢和他开玩笑——当玄宗问他的大肚皮里装的是什么，他说是忠心；贵妃问他这样的体形能不能跳舞，他就把胡旋舞的舞步像风一样转得飞快，还天真地对玄宗和贵妃笑。至于证明忠心，他的表演段位也很高。有一次，他管辖的地方发生虫灾，他对玄宗说之所以虫灾很快被灭，是因为他对上天说，如果自己的忠心被看到，就派神鸟来吃了害虫吧。果然不久，天降青鸟，禾苗无恙。还有一次，玄宗叫来太子李亨，希望太子和安禄山熟悉熟悉。安禄山并不跪拜太子，玄宗奇怪。安禄山说不知道“太子”是指什么，他只对玄宗忠心，末了皇上告诉他太子是储君，他又慌忙行礼，一副才反应过来——奉皇上旨意，很淳朴的样子。

但安禄山能讨玄宗喜欢，也不仅仅因为拍马屁技术好，会逗乐子解闷儿。他精通六蕃语言，能任翻译，做了不少有用的工作，所以在与奚、契丹的战争中战败，明眼人觉得他肯定会造反，皇上为防后患也会杀了他。玄宗却觉得人心不至于此，继续养虎为患。

历史的某些转折总是因为一副牌实在太烂，组合在一起毫无挽回的余地。宰相李林甫满脑子都是怎么巩固地位，把所有潜在的对手都扼杀于摇篮之中，一个劲儿劝玄宗用些出身寒微的人，免得构成势力。论寒微，安禄山要啥没啥，因为皇上信任，安禄山成为武将封王的第一人，也是胡人封王的第一人。

尤其可恶的是，他知道玄宗最喜欢治理乃至

“吞并”四夷有功的人，自导自演地在边境挑事，不断“讨伐”，不断邀功，也不断加官晋爵。

幽州之地从无宁日。

李白想了想，将信放在了一边。

但过了一段日子，李白更加心神不宁，他除了想要抓住入仕的机会，更希望自己能够前往幽州探得虚实动静，尽力掌握安禄山蓄意起兵谋反的证据，然后再向朝廷禀报。

宗氏看着每天忧心忡忡的李白，心里触动很大——不如让他去吧。

只是再三提醒、告诫生性耿直的李白，安禄山不是那么容易对付的，不要惹祸上身。

李白开始了幽州之行。

李白径直朝北方的幽州奔驰而去，大概两个月后终于抵达了安禄山管辖的腹地。

只见进城的一路上到处都有招兵的站台，站台一旁告示上的大字列举着当兵的许多好处，奖励、补贴之类。

何昌浩驾车来接李白，一路上看到好几辆豪华马车出城去了，忍不住询问。

何昌浩撇撇嘴，道：“像安禄山那样的人，带几车金银珠宝能为何事啊，还不就是为了讨得皇上的欢心！他每隔一段时间都要向皇上进贡一些奇珍异宝、稀有古董、名马和美女什么的。”

李白随即问何昌浩招兵一事，只见何昌浩摇头不语，许久才叹气道：“这都是安禄山骗人的把戏，外表是堂堂正正、规规矩矩地招兵，暗地里却半夜三更地派官吏跑去农家抓那些年轻力壮的青年男子当兵。想想朝廷在太平年间，并没有什么战事，为啥到处招兵甚至还抓兵？安禄山虽说是不打仗时要做好打仗的准备，说要养精蓄锐、以备后患，但实际上安禄山哪里需要那么多的兵力？”

李白点点头，叹了口气。

事实上，身为参赞军机判官的何昌浩对安禄山的所作所为早已不满，他飞扬跋扈地用兵边疆，所欲达到的是邀功固宠的私欲。

而周围全是安禄山的心腹，一般人怎敢随便讲话。

之前无处诉说的他现在终于可以敞开心扉向李白吐露压在自己心中的想法——他说本想辞官回家，不愿助纣为虐成为千古罪人，有时又真想把安禄山企图叛乱一事启奏圣上。但是谁都知道这奏章都要经高力士的手，谁知高力士是否被安禄山买通？

前一段时间也有官员在朝上面陈安禄山蓄意叛乱一事，唐玄宗竟告诉了安禄山，而那官员不久就莫名其妙地死了。从那以后，就再也没有人敢说安禄山造反一事，人人都相信，不管是谁提起，都必将惹来杀身之祸。

何昌浩又道："我已经想通了，留在幽州，趁自己能够接近安禄山的机会掌握安禄山造反的确凿证据，再进京面奏圣上。"

李白听后，面色凝重，不由得被何昌浩的那份赤胆忠心所感动。

难得两人志同道合，李白决定助何昌浩一臂之力。

以安禄山的狡猾，又岂能轻易留下马脚？

几日来，北方冬季的风光唤起了李白脑海最深处的记忆。

李白登上著名的幽州台，幽州台保存得还比较完好，只是那台上的灰烬不知是何时燃过的。

两人一起站在那高高的台上，一阵寒风袭来，冷得李白不禁打了一个寒战。

放眼眺望，只见远处的燕山苍茫如海，深不可测，长城蜿蜒如龙，不见尽头，近处则四野一片空旷。

在苍茫的薄雾中望着那些被历史风尘遮掩的绵绵群山，二人遥想那些曾经为了燕云之地而竞折腰的英雄们，虽已为旧事烟云，但思之亦不免感慨。

李白想起陈子昂的《登幽州台歌》：

前不见古人，后不见来者。
念天地之悠悠，独怆然而涕下。

初唐诗人陈子昂写这诗时，心中也是一片悲凉吧——那时契丹反叛，他随那娇生惯养的建安王武攸宜率军讨伐。武攸宜从小无担当又不学无术，又如何懂得军事？不久就使全军陷入困境。作为参谋的陈子昂多次进献自己的计谋，不仅不被采纳，还惹怒了武攸宜，遭到贬谪，于是带着满腔愤怒登上了幽州台，写下了《登幽州台歌》。

如今李白也有报国之愿，只是和陈子昂一样无处诉说。李白在想得要怎样的命数才有可能遇到像燕昭王那样求贤若渴、重金养士的君王呢?

十二月的幽州，早已经是百草蒙雪、一片荒凉的景象。

李白站在营帐外，长风浩浩，仿佛越过几万里中原的国土，横渡玉门关而来。月已升起来了，天色已暗，横亘在天山上的云海苍茫无边。

此刻的他忧心忡忡，想当年汉高祖刘邦领兵征战匈奴，曾被匈奴在白登山上围困了七天，而今，这里又酝酿着什么呢?

李白望望四周，三三两两的兵士围着篝火，粗糙的脸上没有一丝笑意，他们还有几人能生还?他们也有亲人吧……李白想到了家中的妻子，她看见这晃晃的月了吗?她也一定会叹息的。

回去后，李白摊开纸，缓缓写下了《关山月》——

明月出天山，苍茫云海间。
长风几万里，吹度玉门关。
汉下白登道，胡窥青海湾。
由来征战地，不见有人还。
戍客望边色，思归多苦颜。
高楼当此夜，叹息未应闲。

这时的安禄山已经从长安回来了，大概是在长安听到了什么风声，此次回到幽州之后，更加谨慎小心，先把自己手下的职位调配一番，对于所居之地的把守比以往更加严密。

要拿到证据，比登天还难。

无奈之下，李白和何昌浩也只有静等着机会。

而长安城里接二连三传来惊人的消息。

首先是“韦坚案”。韦坚是太子妃韦妃的哥哥，说来也和李林甫沾亲带故——他的妻子是李林甫的表妹。在韦坚未被唐玄宗宠信之前，与李林甫的关系极为亲密，后来韦坚以开新潭、通漕运有功，日益得到唐玄宗的恩宠。李林甫生怕韦坚危及自己的宰相之位，又开始寻找机会置韦坚于死地。

唐代的元宵节是个很隆重的节日，市井十分热闹。天宝五年（746 年）的正月十五日，太子李亨随着热闹的人群来到市井中游玩儿，偶然遇到了韦坚。韦坚见到妹夫，心里自然很高兴，便凑上去问寒问暖。李亨心思较重，觉得这大街上不应是他们见面的地方，人多杂乱，如果让敌者看见了，要借故陷害就跳进黄河也洗不清了。李亨随便应付韦坚几句话后，二人匆匆分手。

在李亨走后，韦坚又碰上皇甫惟明。皇甫惟明是边防重将，他这次是进京述职的。韦坚与皇甫惟明可是老交情了，且都是太子党的成员，他们都看不惯李林甫的专权，见面后也无心观赏两旁的花灯，就这样走着谈着一直到深夜。

这下让李林甫抓到了可以一石三鸟的机会。

自从太子李瑛被废，东宫虚位后，李林甫多次劝皇上立寿王为太子。可唐玄宗没有听他的话，另立忠王李亨为太子。李亨早就对李林甫不满，李林甫担心将来太子李亨登基后自己早晚要倒霉，时时刻刻琢磨着怎么推翻太子。

而皇甫惟明早就对李林甫的专权非常不满，趁自己述职时私下里劝唐玄宗罢免李林甫。谁知唐玄宗为了向李林甫表示自己对他的信任，便把此事告诉了李林甫。

此时李林甫立刻上奏皇上，控告韦坚与皇甫惟明结谋将要扶持太子李亨发动政变。

唐玄宗听信谗言，不分青红皂白，当即就把韦坚贬出长安，数十人受到牵连。皇甫惟明也被解除职务，贬为播川郡太守。至于太子李亨，毕竟是自己的骨肉，唐玄宗说太子是无心的，但此后李亨的行动受到了唐玄宗的牵制。

但是李林甫还不知足，在韦坚被贬外地之后，还继续派人将其追逼致死。

接着就是王忠嗣一案。

王忠嗣是忠将之子，其父在开元二年（714年）反击吐蕃的战斗中牺牲。王忠嗣九岁起就由唐玄宗养于宫中，两个人谈论兵法，唐玄宗说他将来必将成为良将。

长大后的王忠嗣确实是一位帅才，边境治军有方，用兵如神，面对吐蕃的叛乱进犯，战则必胜。平日修筑军事堡垒，勤练士兵，稳固边防，而且有勇有谋——他在地方安插了不少间谍掌握敌情。他为人廉洁，体恤将士，口碑很好。一直以来王忠嗣都很得唐玄宗的赏识，也受到很多小人的嫉恨。

他觉得不能因为贪欲而攻打边境，做好边防最重要，毕竟前往的将士都是爹生妈养的，不能随便戕害性命——他极力反对唐玄宗攻取吐蕃石堡城的要求。唐玄宗听多了小人的谗言，对其渐渐不满，称其“阻挠军功”。

后来，王忠嗣得知安禄山即将造反又上表禀奏唐玄宗。唐玄宗正极宠安禄山，越发怀疑王忠嗣。

李林甫深知唐玄宗的心思，落井下石，派人到处散布谣言，说王忠嗣曾深居宫中，与太子李亨的感情甚深，还曾亲口说想持重兵扶持太子登基。

唐玄宗大怒，他一直以来都想削减太子的势力，万万没想到王忠嗣竟与太子交情如此深厚，便以三司会审判了王忠嗣死刑。后来王忠嗣的得力部将哥舒翰得知，跪在唐玄宗面前为王忠嗣苦苦申冤，愿以自己的官爵为王忠嗣赎罪，使王忠嗣免于死刑改贬汉阳太守。但是不久王忠嗣就忧愤而死。

朝廷已是一片混乱，大唐江山，山雨欲来风满楼。

幽州的李白只能一边眼睁睁地看着安禄山做着起兵叛乱的准备，一边一首一首地作诗泄愤。他不断寻找时机，可是似乎参与不了核心层的任何决策。他第一次觉得自己真正处在时代的变局之中，他想挥剑除奸佞，眼前却迷雾障眼。

有识之士在感到大势不妙时，为了自保，都趁早离开了幽州这个是非之地。

何昌浩权衡再三，也选择辞官回家了。

那日他与李白饮酒，老泪纵横，坦言自己还有老父妻儿，何必枉费了性命。

李白笑笑，他理解，但他看不起。

但是又有多少人能够理解李白呢?

李白寄去了书信给长安值得信任的故交说明情形，又日日夜夜地盼着回复，但是从冬天到春天都一直杳无音信。肃杀的景象并未随春天而改变，关山的风却仿佛格外凛冽。

思前想后，李白决定从幽州南下，前往南齐著名诗人谢朓曾任太守的宣城（今安徽）。那里还算安宁，来往也有一些重要的人物说不定能说得上话。

只是当李白真正动身时，回首身后的肃杀沙场，心里却塞满了忧愁，于是，一字一字忍痛写下了《远别离》：

远别离，古有皇英之二女，
乃在洞庭之南，潇湘之浦。
海水直下万里深，谁人不言此离苦?

日惨惨兮云冥冥，猩猩啼烟兮鬼啸雨。
我纵言之将何补？
皇穹窃恐不照余之忠诚，雷凭凭兮欲吼怒。
尧舜当之亦禅禹。
君失臣兮龙为鱼，权归臣兮鼠变虎。
或云：尧幽囚，舜野死。
九疑联绵皆相似，重瞳孤坟竟何是？
帝子泣兮绿云间，随风波兮去无还。
恸哭兮远望，见苍梧之深山。
苍梧山崩湘水绝，竹上之泪乃可灭。

乱世之忧

朝廷如此，然而百姓依旧要生活。李白一路向宣城，这里的人们还照旧过着自己的日子——他们也隐约感到一些风吹草动，可是过了许久的和平日子，人们总是对危险充满了侥幸。途中也总有人倾情接待李白——很少有人不喜欢李白。他的诗名，他的经历，让人们当作传奇。于李白而言，则让看似漫长的旅途热闹起来，也让他几乎忘了幽州如“鬼府”的肃杀。比如泾县桃花潭的山民汪伦，曾酿了美酒请他共饮，喝醉了两人

便拉着手，两脚踏地作为节拍，边走边唱。直到李白不得不离开，汪伦还唱着那酒醉时的踏歌送行。

即使心思再重，李白也不得不承认，宣城风光名不虚传，除了大小谢留下的遗迹，赤松子的仙话传说，还有如同道家仙境的敬亭山。李白觉得城北的敬亭山是很久以来最能让自己有归属感的地方，朋友知道，帮他盖了几间简陋的茅屋让他暂时住了下来。

而步入山中，就像看到仙人在洞府中生活，像回到了“家”，也便摆脱了尘世的约束。

众鸟高飞尽，
孤云独去闲。
相看两不厌，
只有敬亭山。

敬亭山与他相互欣赏，是他独坐时的伙伴。在这里不像在其他朋友身边，在朋友身边，他总是会喝醉，开心要喝醉，不开心更要喝醉，可是在这里他总是清醒的。一切都很澄明，他能清晰地看到自己一路以来的选择。他不觉得后悔，只是依然有很多遗憾，他也不知道自己这样执着于建立活着的意义是不是很可笑，但是他觉得这座山包容着他。敬亭山包容着他，随便他是神仙，还是一个想要于人世间求得政治身份认可的人，抑或是挑战人们认识的人——写诗太容易了，抒发情绪太容易了，可是我李白还有很多可以做到的事，你们知道吗？真正的仙人什么都可以做到，并且轻而易举……无论他怎样想，怎样为难着自己，敬亭山都在包容着他。

确实，敬亭山不同于谢朓的北楼，当李白登楼瞭望，他无法不去想当年被诬陷而死于狱中的谢朓，那个写山水写得最好的谢朓，他小时候最喜欢的谢朓。当年谢朓在宣城担任太守时，应该很高兴地建了这座楼吧，也一定有很多朋友和他一起把酒临风。当年他多意气风发呢，一定觉得自信又快活，可是命运的玩笑总是猝不及防的，结局那么可悲的谢朓，后悔过些什么吗？说到底，李白也无法解释人的选择，只能吟诗吧——“江城如画里，山晓望晴空……谁念北楼上，临风怀谢公。”所以景色再美，于终将一死的人有什么意义呢？

除了祸乱将至，今年关中相继遭遇水旱，想必百姓的收成极为不尽如人意，物价肯定暴涨，斗米肯定值千钱，也可以想象到街头巷尾肯定是一片啼饥之声。那造成这一切的后果都要算到谁的头上呢？

有时觉得自己可笑，其实皇上一点儿也不把他李白当回事，他又替朝廷着什么急呢？不如什么都不管了做个自在仙人多好——他又一次对短暂相逢的朋友说着。于是，一首《宣州谢朓楼饯别校书叔云》流传千古，传唱至今。

弃我去者，昨日之日不可留，
乱我心者，今日之日多烦忧。
长风万里送秋雁，对此可以酣高楼。
蓬莱文章建安骨，中间小谢又清发。
俱怀逸兴壮思飞，欲上青天览明月。
抽刀断水水更流，举杯消愁愁更愁。
人生在世不称意，明朝散发弄扁舟。

这罕世的痛苦与惆怅也终于被他酿进酒中，那些独坐，那些登楼，那些夜不能寐，那些酒后酣睡，统统只好被再次酿进酒中。

想来这里离金陵不远，还有些朋友在那儿，乱世将至，一生几面不再是空话，索性在人还能走、路还未断的时候再去看看。

李白一路经云阳，溯江北上，行至吴地，逆水行船，运河两岸仍然是商贾云集的繁华城镇。

然而一边是繁华城镇里的花天酒地，一边却是被官吏役使、艰难地逆水拖船的民工。

气候炎热，连吴地的水牛看见月亮都误以为是太阳而喘息。

在这样酷热难当的天气下，拖船该有多么辛苦？

因为天旱水浅，河中的水浑浊得不能饮用，而湖中仅剩的一点儿水也成了浑浊的泥汤。

纤夫们满腔悲痛地唱着歌，看似是一种有节拍的号子，听起来却像无比疲惫和哀伤的歌。若是看着他们的脸，会看到那些黝黑的面庞不时有泪伴着汗水流如雨下。

运送石头的千万个船夫，很可能没有机会回到岸上。

李白怔怔地望着他们，只觉得那巨大的太湖石仿佛也正在为千古以来拖船纤夫的痛苦命运而悲泣。

他义愤难平，写下《丁都护歌》：

云阳上征去，两岸饶商贾。
吴牛喘月时，拖船一何苦。
水浊不可饮，壶浆半成土。
一唱督护歌，心摧泪如雨。
万人凿盘石，无由达江浒。
君看石芒砀，掩泪悲千古。

这便是世道，可悲可怕的世道！他觉得自己竟然和杜甫一样替不公平的命运悲愤。也只有现在的他，才能在繁华金陵中看见荒凉。

于是，当李白第二次登上凤凰台俯瞰江南，只觉形胜已笼罩在雾霾之中，心中也只剩担忧，可能原来的一切有多少华丽美好，将来埋没时就会有多触目惊心吧……他站在台上看着远处的山和白鹭洲，山隐约立在天际，白鹭洲分开了流淌的秦淮河，太阳在云的背后时隐时现。他看着太阳，想象着那是一个被阴云笼罩着的长安。

他写下了著名的《登金陵凤凰台》：

凤凰台上凤凰游，凤去台空江自流。

吴宫花草埋幽径，晋代衣冠成古丘。

三山半落青天外，二水中分白鹭洲，

总为浮云能蔽日，长安不见使人愁。

长安，还是长安，无论在哪里，有些经历就如同烙印，走到哪里都让人牵肠挂肚。

还好，冷的是王朝，热的是人心。直到有一天一人的到来，与李白结下了深厚的友谊，因为有人理解，李白缓解了些许苦闷愁绪，冷热交替之际，有柔情在李白悲怆的心田生成点点葱绿。

这个人是魏万。魏万常居于王屋山，后改名为魏颢，出身名门望族，从小爱文好古，长大后也是一个笔有文采、口有辩才的青年才俊。

他仰慕李白的诗名已久，诗章都已拜读，只觉得李白说尽了人所有的痛快和愤懑。一次次品读，他便越发被那诗词背后的灵魂吸引。他想要见到李白，如果可能，更想拜李白为师。

终于魏万单人单骑，从王屋山出发，千里迢迢，一路靠着南寻北访追寻着李白的足迹。

先经嵩山，到梁园，到东鲁，再辗转游历吴地，入越中，复到金陵、扬州。每到一处，都听说大诗人李白来过。

但魏万机不逢时，总是听说诗人李白刚走不久。

就这样，他历尽千山万水，行程也差不多三千里，锲而不舍，到底如愿以偿找到了李白。

当李白得知眼前这位细皮嫩肉的白面书生不远千里前来拜师，有些失笑，但是一旦有朋友，他就会不自觉地觉得开朗快乐。于是他哈哈大笑着说：“我真的这么有名气吗?”再一细问，又是出身不凡的年轻才士，李白心中极受感动，赞叹一番，道：“我一辈子没收过什么徒弟，今天就与你以兄弟相称，做一忘年之交。”

怎料魏万本来满腔的热情顿时转变成了失望，当即跪地恳求李白看在他不辞辛苦远道而来的诚意上，就破一次例，收他为徒。毕竟，他知道李白的朋友太多了，朋友总是自在和独立的，他不愿，他请求李白不能撇下他。

尽管李白再三谦让，魏万还是执意要以师礼相待，倒让李白手足无措。

随后，魏万就常同李白饮酒话诗。魏万小小年纪写的诗很富有灵气，新颖独创，有的诗还引经据典，说得头头是道。一老一少说古道今，十分投机。

李白欣赏的神色时常使得魏万无比开心、振奋，越发思如泉涌，而李白对他诗词的修改和点评，使魏万从中受益匪浅。

除此之外，魏万还绘声绘色地向李白描述着自己一路追寻李白的经过，并说始终相信他才高八斗的师父总有一天会重返长安，为苍生社稷大展宏图。

正是这个小徒弟魏万，日后所做最重要的一件事是帮李白把一生创作的诗文收集起来编成一部诗集材料，免于流失，传于后世。

这时，魏万收到了一封家书，得知母亲病重，捎信要他这个儿子速速归家。

魏万就和李白道别而去了。李白其实已然很喜欢这个有情有义的小徒弟，心中不舍，却只道："来日方长，以后师徒俩见面的机会还多得是。"

魏万的陪伴也使得李白的心情开朗多了，但在他离去后，却也让李白更思念自己的亲人。他想回梁园，也想念还在鲁地的儿女，尤其是安禄山在洛阳一代布阵，在鲁地往返其实很危险……《寄东鲁二稚子》中道：

吴地桑叶绿，吴蚕已三眠。
我家寄东鲁，谁种龟阴田？
春事已不及，江行复茫然。
南风吹归心，飞堕酒楼前。
楼东一株桃，枝叶拂青烟。
此树我所种，别来向三年。
桃今与楼齐，我行尚未旋。
娇女字平阳，折花倚桃边。
折花不见我，泪下如流泉。
小儿名伯禽，与姊亦齐肩。
双行桃树下，抚背复谁怜？
念此失次第，肝肠日忧煎。
裂素写远意，因之汶阳川。

所有的想象都让人伤心——一切都太过鲜活，然而人醒着，却什么也见不到，更何况现在路途险阻。还好，朋友武谔前来，知道李白的忧思，就自告奋勇说把伯禽和平阳接来。李白十分感激，写了《赠武十七谔》感谢他，说他“精诚合天道，不愧远游魂”。

那些赞美，是出于一个心焦的父亲，是血浓于水的亲情。而武谔并未食言，真的将伯禽和平阳送到了梁园。

李白爱子女是真，然而作为一个父亲，他没能尽到责任也是事实。

他的个性，不允许他跟普通人那样老守田园，与妻儿老小厮守家中，他要游历名山大川，要求仙学道，要访朋问友，要隐居求志，要入朝做官……然而，他也是个普通的人，也是人父，也有舐犊之情，也有亲子之爱，特别是之前的妻子去世后，那心疼子女之情中更添了几分愧疚。因此，他的念子诗中总是透出几分亲情与愁苦、想念与自责交汇的复杂情感。

本来他想通过自己仕途的成功来弥补儿女，但他到死也没能如愿。所以尽管李白和其他父亲一样对子女有着深挚醇厚的父爱，但他并没有把它们给儿女，并没能让孩子真实地感受。所以李白在儿女心目中不一定是个好父亲。

而这一点李白很清楚，这无疑加重了他的痛苦。

安禄山起兵

不久，当李白在金陵漫游时，安禄山在幽州

起兵叛乱。

叛军直驱南下，势如破竹，无法阻挡。叛军的气势对李白来讲一点儿都不意外——记得在荒草茫茫、寒风凛冽的原野上，他们都日日夜夜操练着。

也不知道那时的他们知不知道这样辛苦地训练是为了“协助”安禄山叛乱，充当着乱世里的刽子手。

一切还是来了，尽管有心理准备，还是觉得措手不及，李白顾不得想那么多的局外事了，一心只想着在梁园的家人。他匆忙告别友人，快马加鞭地朝梁园奔去。

一路上兵荒马乱，逃难的人山人海，哭声叫喊声混成一片。

人们匆忙南逃，李白逆其道而行之，骑着马一个劲儿往北冲去。一路上他生怕家人也急于南逃，错过北上返家的他。

好几天不眠不休地赶路，直到马都口吐白沫，心力交瘁的李白终于拖着疲惫的步子回到了梁园的宗府。

此时宗府也是一片愁云惨雾，屋内空空荡荡，一家人已经收拾妥一切东西，可以带走的就带走，不方便带走的就藏起来——谁知今后还能不能回来？

一切准备就绪，他们需要耐心地等待李白的归来——一起南逃。

此时一家人总算团聚，克制着心中诉说不尽的话语，宗氏姐弟俩含着泪驾着马车离开了他们久居、早已产生感情的家，很快地就加入了人潮拥挤的逃难队伍里。

一路上奔波不停歇，每个人心中都有太多的怨愤。

李白回头看看那早已熟悉的北方的天，只见被甩在后面的天空已透出血腥的浓雾。李白叹了口气——只要是贼兵所到之处，到处都是生灵涂炭、惨不忍睹吧！

虽说一路一直往南逃，但是究竟在何处落脚？夫妻俩有了不同的意见。

李白想往自己不久前待过的宣城去，那里风景优美、环境舒适，现成的茅屋修葺一番还是可以将就住下来——等完全安定下来再另找屋子居住也不迟。

宗氏夫人则想去豫章（今江西南昌），因为那里的太守曾是她祖父的得意门生，去了那里之后，定会有人前来接待，不管怎样，多个人关照也是件好事啊。

然而李白是真的思念他的敬亭山了，自从在那里住过一段时间，他觉得那里才是归属。宗氏夫人也知道自己是拗不过丈夫的，况且，乱世大概在那里隐居也是好的。

李白笑笑，打起精神向宗氏夫人渲染着宣城的美好景色。

几十天的奔波劳累，一家人总算随着许多逃难的人安全地抵达了宣城。

当到了茅屋所在地——敬亭山时，一家人虽然衣冠不整、满身风尘，但看到敬亭山如此美景时，疲惫也似浑然消失。

剩下的就只是想好好感受一下这无限的美好风光，也借以驱散心中的不安情绪。

无论如何，一家人算是安顿下来了。

马嵬魂散

“渔阳鼙鼓动地来，惊破霓裳羽衣曲。”

这时的唐玄宗才从酒色中忽然醒悟——自己多年来的潇洒换来的是如此下场。

面对江山不保，唐玄宗后悔莫及。

可是，一切都晚了。不到一个月的时间，叛军毫无阻挡地挥兵长驱南下，直抵黄河边上。

李白本期待着反贼很难渡过黄河天险，此处只要朝廷大军一到，反贼必将束手就擒。但意外的是守军纷纷弃城而逃，反贼未损一兵一卒，轻易而渡。

消息一传来，李白顿时放声痛哭。

紧接着，反贼轻而易举地攻破了洛阳。

安禄山狂喜过度，很快就在洛阳称帝，国号“大燕”。

得到了一些喘息的机会，惶恐的唐玄宗立即采取了一系列军事措施：起用了原本是陇右节度使的哥舒翰为兵马副元帅，率领刚招募到的几万新兵镇守潼关。

命令朔方节度使郭子仪和河东节度使李光弼从后方攻打叛军。

此外，唐玄宗还御驾亲征，鼓舞民心士气，很多不愿当亡国奴的有志之士纷纷参战。

终于，战场士气大增，将士奋勇杀敌，不久，形势稍有了好转。

此时，哥舒翰率兵来到潼关，看着潼关那易守难攻的复杂地形，哥舒翰觉得天助我也，潼关之战到底胜利有望——潼关之战不宜速战。要做到闭关坚守，静观其变，绝不可轻易出兵，等到叛军久攻不克，兵将士气低落时再引兵出关，一举歼灭叛军。

但是心急如焚的唐玄宗下令：哥舒翰要不就出城出击叛军，要不就离开潼关去收复洛阳。

哥舒翰左右为难，潼关这样险要的地方，自己哪敢轻易率兵离开？但是闭关坚守潼关城的战略又不可轻易改变。

为了大唐的江山，哥舒翰只好抗旨按兵不动。

随后，杨国忠不断在唐玄宗的耳边生事——哥舒翰拥兵自重，大战临头又畏缩不前，竟还大胆违抗圣命。

这可激怒了急于求成的唐玄宗。想自己堂堂一国天子在危难前头竟然被自己的手下如此看贬，一气之下，当即就向哥舒翰下了一道死令——如果不火速出击叛军，当即处斩。

面对这样一道圣命，哥舒翰不得已，只好开城出战，结果中了叛军的埋伏，全军覆没。

哥舒翰在走投无路的情况下投降叛军。

潼关失守的消息很快就传到了长安。

这下子，朝廷上下都惊慌了，长安城一片混乱，唐玄宗更是大惊失色，难道长安不久就要沦陷了？

在情急之中，唐玄宗夜里召集心腹及爱妃家眷，通告护卫军随驾，收拾好金银财宝准备逃奔。

很快，唐玄宗坐着马车满心绝望，仓皇地逃出了城门。顷刻间，九重宫阙烟尘漫飞，千乘万骑向西南而行。

第二天，听到风声的臣子赶去大殿，宫殿外如往常一样守卫森严，众臣闯入大殿却见殿内空空，只剩那天子的龙椅依旧耀武扬威地立在殿中。环顾四周，往日一切的威严好像都已经被如今的冷清所替代了。

至于长安城的百姓——哪里还顾得上老百姓的死活！

唐玄宗连夜逃出长安的消息不胫而走……

几天的快马加鞭，那金碧辉煌的宫殿，那盛

世繁华的皇城都已被抛得很远。

而在不停歇的赶路过程中，一些随行的官员都已各奔东西，不见了人影。只剩下寥寥无几的卫军将士，构成一支疲惫而充满怨愤的队伍。

一路上将士们又饿又累——由于逃难匆忙，根本没有带足够的食物。终于，在离长安以西百余里路的马嵬坡，将士们停住了，他们不愿再向前赶路了。

有人围在一起纷纷叫嚷着，追问起这场祸乱的由来。

平日那些残害忠良、伤天害理的事，将士们不是不知道，只是敢怒不敢言，今日憋在心里已久的怒气一齐爆发。

很多将士都叫喊着要诛杀这场祸乱的罪魁祸首——杨国忠。要不是杨国忠弄权误国、残害忠良，也不至于导致今日国破家亡的局面，“杨国忠罪在必杀”的叫喊声惊天动地。

平日不把任何人放在眼里的杨国忠，今日竟吓得浑身发抖，脸色惨白，到处乱窜，竟趁将士们不注意之时躲进了那茂密的草丛中。

愤怒的将士们将他揪出来，一个将士二话没

说，当即一刀挥下杀死了他。

然而杨国忠的死并不足以平众怒，队伍还是不肯继续前进。

马车上的杨贵妃什么也不敢看，她无法相信哥哥就这么死了，整个人使劲儿缩在唐玄宗的身后。玄宗脸色惨白，呆若木鸡，用恐惧的眼神望着周围的一切。

他知道人们愤怒，也暗自知道造成如今的一切，他还是得负大半责任。

气氛越来越紧张了，在场的人有的忐忑不安，有的依然愤怒地喘着粗气。

突然，一将士大喊："哥哥死了，还有妹妹！如果不是他们兄妹俩一唱一和地内外配合，也就不会有今天如此落魄的下场。"

"对，如果不是贵妃养了个'好'干儿子，也不会有今天这场祸乱，杀死奸妃！"

"杀死奸妃！杀死奸妃！"几人一喊，众将士一一附和着，叫嚷着。

整片天空都好像被乌云笼罩着，唐玄宗压抑得喘不过气来。

将士们的叫喊声可吓坏了杨贵妃，她不由得

低垂着粉脸，泪流满面。平日的她哪里知道将士们会是如此可怕啊，她胆战心惊，手帕在手里卷着，整个人都在颤抖。

唐玄宗想抱紧她，但自己也没有力气，于是揽住她的肩，却发现自己也颤抖起来。

将士们见唐玄宗难舍难分，更加狂怒，威胁如果唐玄宗不杀奸妃，他们立马散伙，各自逃奔，不会再保驾西行。

唐玄宗听着将士们的叫喊，看着那刀光闪闪的影子，只觉得心力交瘁。

“老爹”高力士颤巍巍地凑到唐玄宗的耳边道：“皇上，如今众将士怒不可遏，我看事不宜迟，皇上还是当机立断赐死贵妃，以保龙体安全吧！”

见唐玄宗还是久久迟疑不下决定，有的将士当真扔下手中的刀剑掉头走了。

唐玄宗见这番情景，淌着眼泪，对高力士抬了抬手，闭上了眼睛。

高力士于是向天空大喊道：“赐绢带，赐贵妃自尽。”

话音刚落，贵妃号哭着，紧抓着唐玄宗的龙

袍不放："不要，不要，陛下，你不会的，我知道你不会的，我们发过誓的……"

唐玄宗什么话也说不出来，老泪纵横地背过身去。

杨贵妃完全绝望了，松开了抓着龙袍的手，悲声呜咽。不一会儿，她又歇斯底里地笑了。笑了一会儿又安静下来，她平静地用悬绫缠住了自己的脖子。

将士们看着杨贵妃香消玉殒，停止了喧哗，终于有人说了一句："圣上英明。"

不久，队伍缓缓启程向西进发，玄宗坐在马车内，痴呆不语。

身后的马嵬坡，躺着衰颓的草和杨贵妃、杨国忠两兄妹。

后来唐玄宗在逃奔的途中终于"英明"了一点儿，采纳了新任宰相房琯等人的建议，命太子李亨担任天下兵马元帅一职，统领朔方、河东、河北、平卢四方的兵马，收复长安和洛阳；命永王李璘统领山南东道、岭南、黔中、江南西道的军队，并授予江陵大都督一职，保住东南一带。

历史的真相很难还原，但我们能够看到，玄

宗实际上还是在利用永王李璘制衡李亨——他还活着，他不能让李亨一人独揽大权。

但事实上，在这诏令还没下达之前，太子李亨已在灵武（今宁夏灵武县）自行登基了，同时改年号为至德，是为唐肃宗。

唐玄宗得知此消息，心里愤怒到极点。

但凡还有一些力量和气数，唐玄宗恨不得把太子李亨马上废掉。

然而，如今混乱的局面总得有人来接手这个烂摊子。

此时，永王李璘奉父皇之命前往江陵，筹集物资，招兵买马，队伍很快庞大起来——军队已有十几万人。李璘在江陵招募了那么多的士兵，训练有素，战斗力也得以增强。

肃宗本对李璘不听自己调遣大为不快，疑心更重，生怕永王李璘拥兵自重，与其争夺皇位。

为防止局面失控，唐肃宗想到一个计策，那就是下诏要李璘入蜀伴随太上皇。

这样一来也就可以把永王遣离江陵，也就可以名正言顺地将其军队据为己有。

事实上，永王李璘从小就有点儿被人瞧不起，就因为他母亲不是名门富贵家庭出身，他长大后不仅不得宠，还要受扶持太子的那些人的压制，一直比较抑郁。

李璘很小就发誓长大后一定要找机会干一番大事业，挥去照在自己头上的阴影——让别人觉得他李璘绝不好欺负。

好不容易这次有了用武之地，受到父皇的信赖，李璘又怎么会轻易放弃呢？所以他并没有“奉旨”入蜀，反而径直向浔阳进发。

李璘的所作所为令唐肃宗视永王为心腹大患，为了能够长远地保住自己的皇位，唐肃宗开始暗地调兵遣将，准备向永王下达讨伐令。

第八章 入永王幕

茅庐之访

时局动荡，李白发现宣城也不是久留之地。

几经周折，一家人离开了宣城，在庐山屏风叠过了几个月的隐居生活。

对于肃宗和永王之间的摩擦，很多人都不知原委，李白也一无所知。

他只知道永王奉旨南下，配合北方军师，南北夹击，共歼叛贼，现已抵达浔阳。

偶尔下山看看，只见那浔阳江上，舳舻千里，旌旗蔽空，都是永王的舟师，将士们个个精神抖擞，仿佛对战事志在必得。

李白暗忖：如今安史乱军南下，朝廷戒备如

此，却不免轻敌，安史叛军不可小觑，莫非又要天下大乱？

一天傍晚，一个身穿军官制服的军爷牵着两匹高头战马，一路打听来到了李白的茅舍前。

这位军官凭着直觉一眼认出李白，对坐在内堂的李白恭恭敬敬地施礼，道："永王得知翰林公隐居在庐山，特遣我来请翰林公一道下山，共商大计。"

"翰林公？"李白听起来有点儿刺耳，又有点儿激动，于是笑了笑说："那是多少年前的事了。"

"让太白先生做翰林当真屈才，此番若能随我下山，永王一定好生相待。"

李白心里一动，随即又笑了笑，道："我在这山中住习惯了，不想多事。"

"出师平乱是经国之大事，永王知道太白先生有济世之才，不过是英雄未到用武之时，难道您真的想埋没草野？我连战马都给您牵来了！"

李白抿了一口酒，半晌，还是摇了摇头。

那人急道："希望太白先生能够好生思考一下，毕竟此事于您来说也是机会！"

李白不语。

那人不好再三恳求，叹着气告辞了。

李白看着他渐行渐远的背影，心中却波起浪涌，他想了很多……

这日，故人韦子春上山前来拜访，让李白既惊喜又诧异。韦子春是李白在长安待诏翰林时结交的一位朋友。此时，韦子春已经在永王的麾下做事了。

故人相见，自然有着说不完的话。韦子春很快就直奔主题，一心说服李白下山——“永王礼待臣士，颇懂用人用兵之术。此次打算兵分两路，一路沿运河直趋河南，收复东京；一路跨辽海直捣叛贼幽燕老巢。”

李白听得极为仔细，边听边想：果然周全。他不禁大声赞叹：“看来这次真的是必胜无疑了。”

韦子春趁热打铁，拿出了永王的亲笔信，信中永王的口吻极亲切，还将李白比作谢安，写道：“谢公不出，奈苍生何！”

李白的心脏狂跳起来：难道当真是卧龙出山之时？其实他第一时间就心动了，只是现在有些飘忽——他总是会兴奋于自己的理想和想象。

宗氏夫人却急了，她宁愿与丈夫过着贫家夫

妇的生活，也不愿让丈夫蹚朝政这一浑水。

她走出来，径自将桌上的酒换了两杯茶。她拜过韦子春，道："恕我无礼。韦大人，永王的信任与提拔我们夫妻俩深表感谢，只是夫君归隐已久，早已看破尘世，不想再涉及朝政之事，更何况他已年老，体弱多病，只怕反倒给永王添麻烦。"

李白也回过神儿，委婉推辞道："我已是山野道士，虽怀有一身的报国之志，但如今已疏懒成性，且年过半百，恐已经心有余而力不足，恐难遂永王宏愿。"

韦子春听到李白立场不怎么坚定的语气，心中有数了——毕竟长安时期和李白相处较久，脾气禀性也算了解。

其实李白何尝没有"三顾茅庐"的情结呢？如果永王真的有诚意，此次邀请不成，下次一定还会派人前来的。

果不其然，几天后，韦子春又出现在李白的家门前。

这次他带来了几百两银子和一套崭新的官服，身后还跟一顶轿子。

韦子春笑容满面地对李白说道："太白贤弟

啊，你素有一腔济世之志，难道在此国难当头之时，你就当真宁愿做只闲云野鹤也不肯为国效忠了吗？永王求贤若渴，愿效刘皇叔‘三顾’之德，太白贤弟当机立断为是。”

他又抬手指着外面的轿子说道：“这是永王派来接你下山去的。还望贤弟三思，共助永王成就大业。”

其实这几日李白早已魂不守舍，整日守在屋中等着什么，一会儿开心，一会儿叹气。

李白道：“今晚请在此留宿，我也好与内子商量，再做下山的准备。”

韦子春喜道：“‘卧龙’出马，乱贼平定之日不远！”

一整夜，宗氏夫人都是流着泪，她不舍丈夫的离去，只道：“也不知战事如何，真担心你会有不测。”

李白安慰道：“不过同游历一样罢了。”

“永王延揽天下俊才，大力扩军，招兵买马，难免招来新皇的猜忌。日后，他若起了叛乱之心，到时候你将身陷绝境。夫君不得不思量仔细……”

李白没想到妻子有如此想法，笑道：“这是你多虑了。此次永王也是奉旨行事，再说永王和当今圣上是嫡亲兄弟，此时一致讨伐叛军还来不及，断不会兄弟相残的。”

宗氏夫人叹了口气道：“平阳虽嫁人，但你还是与伯禽和宗璟商量一下吧。”

其实哪里用商量呢，不久前借着酒兴李白早已告诉他们了。

此时，伯禽望着李白，轻声道：“父亲委屈了很久呢……”

宗璟更是直言：“姐姐，你莫以妇人之见拖姐夫的后腿。”

宗氏不语了，许久，轻声道：“在外一定要谨言慎行，做事不能鲁莽冲动……”

李白笑了，然而他看见妻子的眼中蒙上了一层雾。

第二天，李白一大早醒来，床边早已准备好了他远行的所需之物。

他漱洗后换上了永王送来的那套新衣新官帽，重新抚了抚腰中的剑——好久没舞剑了。

宗氏夫人默默地看着，她总有种不好的预感，即便一切如永王所说，并非为了争权夺利，但参军也是危险的事。这一别也不知多久，不知能否联络得到。但看着李白昂扬的精神，她一瞬间觉得也许确实是自己不对，他终究是想要翱翔的，那种在他看来承载尊严的事，是做一个拥有并将雄才大略付诸现实的人。

人生免不了要分别，免不了要落泪。

宗氏夫人不忍再多看李白远去的背影，很快就含泪转身朝房间里走去。

桌子上压着一张纸，那纸上的墨迹还未干。宗氏夫人急忙擦了擦眼角的泪水，拿起纸张看了起来，上面龙飞凤舞写着——《别内赴征三首》：

其一

王命三征去未还，
明朝离别出吴关。
白玉高楼看不见，
相思须上望夫山。

其二

出门妻子强牵衣，
问我西行几日归。

归时倘佩黄金印，
莫学苏秦不下机。

其三

翡翠为楼金作梯，
谁人独宿倚门啼。
夜坐寒灯连晓月，
行行泪尽楚关西。

他的诗依然显现出轻松的样子，却又细腻地理解妻子所有可能的情绪，可能的处境。究竟什么时候才能回来呢？李白自己也不知道，但他相信自己的选择是对的，他渴望有一天荣归故里时，他的妻子不会像苏秦的妻子一样不理不睬。

宗氏看完后，笑了笑，脸上犹有泪痕，她想：我不会是苏秦的妻子。

永王兵变

永王此时想要壮大威名，十分需要名士“助威”。他看中李白向来桀骜不驯，有什么不满都直言直语，若是能到自己麾下，岂非在舆论上证明自己是正义的一方？永王打着自己的算盘，得知李白恰好在浔阳，自然不会错过。

他很快就得知李白答应入幕府的消息，极为高兴——其实他本也喜欢李白的诗。

为了给李白接风，他在浔阳江上最大的一艘战船上摆设酒宴款待李白。永王帐下的大将悉数到场，且都热切盛情。

此刻，他看着那身着戎装，雄姿英发、笑容满面的永王，不禁深感敬意。

酒宴开始之时，永王恭恭敬敬地敬了李白一杯，话语竟和韦子春如出一辙："李翰林能够出山辅佐，平叛反贼指日可待。"

李白甚是感动，这么多年过去了，直到今天他李白才遇到了伯乐。

李白此刻更觉得自己就好像是乐毅登上了燕昭王的黄金台，意气风发。眼前那永王就是当今的燕昭王，招纳贤士，延揽英才。

接着，文臣武将纷纷向李白敬酒。李白开怀畅饮，非常痛快。

宴席期间，大家高谈阔论，吟诗作赋，热闹了半日。

午时，只听战鼓咚咚地敲起，礼炮轰轰地

响起。

原来是永王在浔阳江上进行舟师阅兵。大将季广琛手执令旗威严地站在不远处的舰楼上有秩序地指挥。

李白看着这整齐、威武的舟师，更觉振奋——这一次能够亲身参与讨伐安史叛军，将来必定可以建立一番功业，实现自己多年以来报效国家的夙愿。

随后几天，永王率军一直在东进，李白更是浮想联翩，诗情澎湃。几天下来李白就接连写下了《永王东巡歌十一首》，从“楼船一举风波静，江汉翻为雁鹜池”到“千岩烽火连沧海，两岸旌旗绕碧山”，从“我王楼舰轻秦汉，却似文皇欲渡辽”到“南风一扫胡尘静，西入长安到日边”。李白的振奋与豪情难以自抑，他满眼都是永王在平叛战争中起到举足轻重的作用，也相信自己必将在这场风云际会中大显身手，这种豪情点燃了他无边的高涨情绪，加上他写诗素来喜欢激昂的情调，奔放恣肆——但事实上李白完全不了解当时政治形势发生了什么样的变化。

在李白的心目中，永王一举荡平飞扬跋扈的

"胡尘"，解唐王朝于倒悬，而他将"西入长安到日边"，跟随着永王李璘去长安向皇上报捷。

可悲的是，当李白满腔热情地歌颂"圣主"和"贤王"，满心以为永王和肃宗是在齐心协力地平定叛乱时，悲剧已无法避免——肃宗见永王势力日益壮大、抗旨不从，怒不可遏，开始调集兵力，任命高适为讨伐军的统帅。

此时，高适随肃宗因安史之乱在边塞立功，已变成一名定国安边的武将。近几年来，他受到时为太子的李亨的重用，官运亨通。为了和李白划清界限，他已经把当年诗中李白、杜甫的名字改成了"群公"。

高适目光深远，天资聪颖，他希望这次能够不损一兵一卒就消灭永王的军队。为此他派人潜入了永王的军中，游说永王麾下的大将，说皇上现在已经做好了出兵"讨逆"的准备，永王若一意孤行，必将是自取其辱，希望各位将士好自为之。

永王麾下的大将一听顿时惊慌失措，都不愿卷入皇上与永王内争的旋涡里，纷纷引兵离去。

那时的永王没有授予李白任何官职，李白对

永王的军情从未插手过，就连大将领兵遁去这样的事也未曾得知。

从隐居庐山到入幕从军，李白一直都是蒙在鼓里的，直到皇上和永王两兄弟在金陵拉开了内战的序幕，李白才知道了内情。

然而一切都迟了。

永王由于兵力不足，加之不得民心，最后一败涂地。

永王一路东躲西藏地向西南逃奔，最终还是被杀于荒山野岭之中。

李白在永王幕府的一两个月的时间里，除了作诗，从没有参与过什么政事，更不用说做过什么对朝廷不利的事情。他一直觉得永王是个正直有才干的人。

唐肃宗下令只要是之前从属永王的，一律认作反叛，还在各处设关卡，盘查和捉拿从逆人员。

无奈之下，李白只好东躲西藏。

但是李白又怎么能够逃出唐肃宗的追捕呢？

那《永王东巡歌十一首》都已闻名天下了，没有人不知道他李白是永王的谋臣，并且还是永王三请下山的——想来一定是永王面前最受宠的参谋者——罪责最严重的从逆人员。

最终，他在回庐山的途中被抓了。

李白被关进了浔阳监狱的重囚牢房内，等待着朝廷的发落。

锒铛入狱

李白整日面对着那阴暗潮湿的小囚房，不自觉地泪流满面，悔恨当初不听宗氏的劝告，晚年之时还落得如此狼狈。

李白悔恨自己不好好与山水做伴，偏要逞强好胜。

永王分镇，本是“太上皇”玄宗的旨意，自己加入永王的幕府，出于救国的至诚，没有一丝危害朝廷的心意，如今却获重罪被囚，生死难料，不由得满怀激愤。虽然他喜欢在征战中写那些有气势的诗，那比在宫中陪玄宗他们娱乐要自豪得多，可说到底，他也未曾获得永王的重用，却因此获罪。

于是，李白写信多方求援，吐露了极为怨懑的心情。《系寻阳上崔相涣三首（其二）》曰：

毛遂不堕井，曾参宁杀人。

虚言误公子，投杼惑慈亲。

白璧双明月，方知一玉真。

然而皇室中的内争，政治上的黑幕，又岂是心思单纯的人所能预测？

但此时李白身陷牢狱，一些人非但不谅解他而为之辩解，反而落井下石，尤使他倍感痛苦。《万愤词投魏郎中》云：“好我者恤我，不好我者何忍临危而相挤。”

他心中委屈，但是有苦又能向谁诉说呢？

李白度日如年，心烦意乱地过着每天的牢狱生活。

孤独难熬之时，他想给妻子捎信去。

他虽对权贵倨傲，却写过很多体恤百姓的诗，他不仅仅有天马行空的浪漫，更有善良的灵魂——那不是居高临下的怜悯，而是最真挚恳切的同情。

《古风其三十四》中，唐王朝开西南边给人民带来的痛苦——“怯卒非战士，炎方难远行。长号别严亲，日月惨光晶”。

《豫章行》中，叙平民的抗敌之苦——“老母与子别，呼天野草间。白马绕旌旗，悲鸣相追攀”。

浔阳监狱的狱卒对李白早有耳闻，他读过李

白的诗，知道李白是个了不起的人，最重要的是他仰慕李白是个行侠仗义、不重钱财的善良人。

因此，年轻的狱卒对李白格外地照顾。

当然，他也就很乐意托人帮李白去庐山屏风叠送信给宗氏夫人。

几天后，宗氏夫人接到消息后就焦急地赶来浔阳监狱。

夫妻俩一见面，便都老泪纵横，尤其是李白，悔恨交加地向妻子诉说着当初自己的不对。

宗氏夫人安慰李白道："吃一堑长一智，当务之急是趁现在还未定罪把你救出去。"

随后几天，宗氏夫人揣着李白的申诉书四处奔走，八方求援。

但李白可是"从逆"的大罪，谁又会有如此大的本事保李白出狱呢？

这注定了宗氏夫人处处碰壁。

然而她是倔强的，怎么会轻易放弃。情急之中，她决定去找一个人——讨伐军的统帅高适。

毕竟他们有曾在梁园结下的情谊。想到了梁园，宗氏夫人愁容中强现出一丝乐观，她捋了捋凌乱的头发，觉得一切还是有希望的。

宗氏夫人立即把自己的想法告诉了李白。

李白听了后情绪越发复杂，心想：当年同游梁宋，他还同我一样忧不得志，而今我却成了他的阶下囚。当年那同甘共苦的诺言……哈哈，当真可笑。

李白再三叮嘱夫人道："如果他不念旧情，就不必低声下气、卑辞相求了。"

"我自有分寸的。"宗氏夫人叫李白在狱中安心地等候佳音。

几日来，李白食不能咽，整日痴坐着，望着牢门发呆。

他在猜想着妻子一路上会遇到的艰难。一个弱女子，要在这样的动乱之中为丈夫到处求告，一路的奔波劳累随时都有可能使她累倒在路上。

这让李白感到愧疚。宗氏自从嫁给了自己之后，也没怎么在一起好好过过日子，而她待他的两个儿女视若己出……此时还要日夜担心牢狱中的丈夫，年老力衰之时，经受如此磨难。

李白想着想着时而呼天痛哭，时而低头暗泣，时而自言自语。

几个狱卒看着李白的这番情景，不时偷偷地

用衣角擦拭着眼泪。

但是一个小小的狱卒又能怎样呢？只能尽自己的微薄之力来减少李白心中的痛苦。

只要有空儿，他们就会和李白聊上几句，从不把李白当作重囚犯看待。他们不会说辞藻华丽的句子，却总说吉人自有天相，好人必有好报，总有一天朝廷会释放太白先生的。

半个月后，宗氏夫人一脸沮丧地出现在他眼前，李白就知道结果不尽如人意。

宗氏夫人愤声道："患难见人心。没想到他是那种身份一变、官职一升就不认人的小人。"

而李白沉默无语。

宗氏夫人又道："我以为求见他不会困难，他却连门都不让我进，那卫兵还说什么'高大人执法如山……'，这分明是故意拒绝！"

李白微叹一声，苦笑道："他也难吧。"

夫妻俩久久相对无言，好像面临着生死离别。

这时，年轻的狱卒匆匆忙忙地跑了进来，手里拿着一封给李白的信。

李白有一种奇怪的预感，他用颤抖的手拆开信封来看。

一眼就看到了署名——郭子仪。

李白口里念着这个名字，甚感熟悉，仔细思量，终于想起来，原来是他——当年李白在太原帮助过的一个小兵。

没想到，这么多年过去了，郭子仪还惦记他。

更没想到，当年那个穷困潦倒的小兵现在竟当上了天下兵马副元帅，负责讨伐安史叛军。

正在远方备战的郭子仪得知恩人李白身陷困境，以从逆罪被关进了浔阳监狱时，心急如焚。

想想恩人李白一生忠义，人所皆知，今虽跟从永王，定当是受人利用。

何况那《永王东巡歌十一首》，虽为永王歌功颂德，但也是事出有因，再说笔锋也是直指安贼！

郭子仪本想亲自前来探望，但是由于军中战事繁忙，只好写信前来表示慰问。他叫恩人李白在狱中多多保重，少安毋躁，等到战事一完，自己立即面圣，力保恩人出狱。

李白喜极而泣，呼道："天无绝人之路！"

第九章 流放夜郎

朝堂忠谏

希望总归是来了。

一天，整座浔阳城响起阵阵锣鼓声和鞭炮声，人们欢呼着：“长安、洛阳两京收复了，皇上驾返长安，天下太平了！”

李白从狱卒那里得知，郭子仪率领十几万铁骑与安贼在长安城以西展开了大会战，勇猛杀敌，打败了叛军。

叛军弃城而逃，郭子仪率军乘胜追击，再战于洛阳。叛军损兵折将，残余部队仓皇逃回幽州老巢。

唐王朝如同盛年大病一场，看似恢复了健康，却总不能担保没有落下病根儿。

无论如何，它总算喘着气、扶着腰站起来了。

李白听到这一振奋人心的消息，不禁一跃而起——他的案子也该了结了吧！

然而他是太过天真了，此番随永王趁乱从逆，在肃宗眼里无疑是大逆不道的。

很快，刑部就奉诏宣布了对各叛逆的处分决定，李白得到的判决是——因从逆永王，处以斩刑。

郭子仪得知这消息就急匆匆地进京面圣，愿以头上的帅盔为李白做担保。

唐肃宗见郭子仪拿辞官还乡来威胁他，本想发怒，但还是克制住了。毕竟郭子仪是平叛安贼的头号功臣，肃宗完全没必要把局面弄得那么僵，便笑道："爱卿这是干什么，还是回去好好享受你的封赏，莫管他人之事。"

郭子仪长跪不起。

正当朝堂尴尬之时，一个声音道："启禀皇上，本人曾与李白相交，知其人心思放达，并无意谋反，不过刚愎自用，所学又多为战国纵横之学，好以奇士自居。此番以为天下大乱，希望能凭一己之力扭转乾坤，其人心思之单纯令人失笑，然而不过是分不清历史与现实罢了。”

此人是御史中丞宋若思，其父为流放朱鸢的剑南节度使宋之悌！

唐肃宗有些愠怒，但转念一想，现今局势还不稳定，“太上皇”至今未全部移交权力，为处置李白之事，群臣反目得不偿失。这郭子仪手握重兵，如因此有了二心，岂不危及自身。

于是，肃宗又看了一眼正一脸严肃地跪在堂下的大功臣郭子仪，终于挥手道：“算了，这个人不追究了。”

一年后，肃宗掌握全部大权，决定重新彻查永王一案，李白再次被捕，并且被流放夜郎（今贵州）。

三暮鬓成丝

消息传来，如同晴天霹雳。

狱卒叫李白快速收拾东西，准备起程前往夜郎。

临动身时，宗氏夫人、宗璟还有伯禽都急匆匆地赶来了。

当看到项上戴有沉重长枷的李白时，伯禽大声痛哭道：“不如我跟爹爹一起去！”

宗氏夫人也早已哭成了一个泪人儿。

年纪稍长的解差有点儿不耐烦，一个劲儿地催促着李白上路。

李白抽噎了一下，强打精神安慰着一家人。

宗璟拿出银两塞给两位解差，连声道：“请多多担待。”

年纪稍长的解差将银两藏在口袋里，不再催促。

此时，长江岸边人头攒动，李白暗叹：又是在迎接哪位达官贵人吧！气派这么大，当真有人欢喜有人忧……

但李白越走近越感觉不对，那人潮分明在随他而行——直到人群靠向李白，十分敬重地望着他。

李白方才明白这些人原来都是给他送行的。

“啊……竟然还有他！”队伍后面那个伸长脖子向他招手的面孔是那么熟悉，是曾别于此地的魏万。看见李白望着他，他拼命挤在人前，满眼忧愁和焦虑。他深深地鞠躬作揖。

郭子仪与宋若思也来了，只道：“此行保重，如若有机会，朝中定当力保。”

那些不曾相识的父老乡亲还带来了美酒和农家小菜，还凑起来一些银两赠给李白。

这番情景让李白不禁又流下了泪水，叹道：“也算不枉此生了。”

李白最终在亲友和许多不相识的父老兄弟的送别下上了一艘船，逆江而上。

船离岸，渐行渐远。

戴着长枷的李白站在船头，望着远去的人群不停地挥着手，不忍心再看下去，叹着气转身走进了船舱。

两个解差看着泪流不止的李白，心也都软了。

那个年轻的解差边帮李白把长枷取掉，边怜悯地道：“这么大的年纪，承受不起那沉重的枷锁，夜郎又那么远，怪可怜的。”

这样一来，李白也确实少了一个负担。

那个年长的解差从船舱中拿出一坛酒，倒了一碗给李白，生硬地说：“喂，喝了早点儿睡，别给我们添麻烦。”

李白望了他一眼，接过酒，当即大口大口地

喝了起来。

不久，他就醉卧在船舱中了。

随后的时间，船由于逆风，行驶得很慢。

天气也不尽如人意，时不时下起大雨。此时船只好停航休息。

沿江的一些达官贵人和百姓听说李白在此休息，纷纷前来探望，有的还大摆筵席宴请李白。

解差自然乐得消遣，宴后还跟着大伙儿和李白到处观光游览。

一路上他们这里小住几天，那里休息几天，仿佛不像是发配。

那年龄稍长的解差偶尔也会不快——他是个急性子，脾气很火爆，说话也耿直，一路上见李白多愁善感，走路慢慢吞吞，好像迈不开脚一样，无论什么时候都有写诗的“怪癖”，每到一处就要写上一两首，还总问他要酒喝，于是他经常翻着白眼暴怒地在后面催李白快走。

李白要去的夜郎有几千里之遥，流配在途是有明确的时限的，超过期限，谁都担负不起。

李白坐在船头，眼前是熟悉的景色，熟悉的月，只是人已不是那时风华正茂、意气风发的他。

在这个光辉灿烂、欣欣向荣的唐王朝，凭着李白的才华和能力，应该是很容易闯下一片属于自己的天地的，不料花甲之际却陷入了九死一生的境地，如今又被流放到夜郎……“三朝上黄牛，三暮行太迟。三朝又三暮，不觉鬓成丝。”他叹道：难道那不毛之地夜郎注定就是我最后的归宿吗？

李白不愿再前行了，他的伟大抱负还未实现，他想此刻能够停留在这熟悉的三峡上，更想回到那让他魂牵梦绕的故乡去，还有那美丽的岷山。

但是现在一切都回不去了，他没有选择。

孤独之下，饮酒不解醉。李白更加思念自己的亲人和朋友。

杜甫呢？自从梁宋一游分别后，李白就再也没见过他了，屈指一算也有十几个年头了吧！

自从安禄山叛乱，烽火连天，道路阻绝，一直到现在叛乱停息，李白也只零星地得知他的消息。

其实杜甫在官场也很不得意，东奔西走，总希望能有所作为，其间也做过一些小官，后来虽然跟随了肃宗，但因为替房琯求情，很快就又被肃宗疏远，日子过得很潦倒。

这一刻，任三峡的冷风吹拂着李白长长的白发。白发飘拂的李白注视着荆棘满地的山河，迎着冷风吟咏起多年前的诗句：“思君若汶水，浩荡寄南征……”

不久前，杜甫离官去职，他一直知道李白的坎坷，也绝没有想要划清界限的想法。此时，他知道了李白被流放，又听传言说李白于乘舟途中落水而死，便茶饭不思，夜不能寐。

他想起第一次见到李白，想起那场淋湿他道袍的雨，想起他明亮真挚的眼眸，想起他的诗，想起他带着自己度过了几乎是人生中最快乐的“求道”的日子……

杜甫开始喝酒。他倒满了两碗，喝掉一碗，笑了笑，接着又喝掉另一碗……

他醉了，昏昏地睡去，恍惚中，李白如同长了羽翼一样飞入他的梦。

醒来后，杜甫因这积思而成的梦作了感人至深的《梦李白（二首）》：

其一

死别已吞声，生别常恻恻。

江南瘴疠地，逐客无消息。
故人入我梦，明我长相忆。
君今在罗网，何以有羽翼？
恐非平生魂，路远不可测。
魂来枫叶青，魂返关塞黑。
落月满屋梁，犹疑照颜色。
水深波澜阔，无使蛟龙得。

其二

浮云终日行，游子久不至。
三夜频梦君，情亲见君意。
告归常局促，苦道来不易。
江湖多风波，舟楫恐失坠。
出门搔白首，若负平生志。
冠盖满京华，斯人独憔悴。
孰云网恢恢，将老身反累。
千秋万岁名，寂寞身后事。

轻舟过山

三峡还是三峡，两山夹峙，江流湍急。

两个月后，船行过七百里的三峡口，来到了

白帝城。

三人由水路改陆路，准备离开白帝城步行前往黔中郡的夜郎。

时逢关中大旱，赤地千里，庄稼绝收。朝廷想多积功德，求上苍普降甘霖，遂传旨赦免所有流刑及以下的罪犯，李白就是其中幸运的一个。

艰难跋涉中的李白不敢相信这是真的，直到亲眼看到那白纸黑字的昭告。

这么久以来，他不敢回首曾经的梦想，不敢回首那岷山上的鸟，赵蕤的桂花酒，呼自己“谪仙人”的贺知章，还有曾经的梁园和自己的小徒弟魏万……

他几乎要接受这样的命运，可是就在这一瞬间，至少这一瞬间的他获得了一种前所未有的解脱和快乐。他无法确定等待自己的将是怎样的前路，很长一段时间，那种巨大的压抑始终存在。他游山，他访友，他作诗，他宴饮，他倾诉自己的委屈，他被流放——始终恍惚着。

人类所有的一切，本就随着心情而变化，没有什么比跌落谷底却又重获自由更令人开心的了。现在他的心已展开，他的态度在这一刻又变得充满自信。

“死里逃生”的喜悦随着身体摇曳在船上，他提笔写下《早发白帝城》——流溢出很久没有过的轻快句子：

朝辞白帝彩云间，
千里江陵一日还。
两岸猿声啼不住，
轻舟已过万重山。

归路仿佛也遂人心愿，顺畅了许多。

三人很快回到了之前他们出发的地方。

李白马上雇了一辆马车直奔庐山屏风叠，兴冲冲地回到当年一家人居住的茅屋，看到的却是一间间空荡荡、落满了灰尘的房子。

李白心一凉，跌跌撞撞地冲下山询问邻居，才得知妻子他们早已搬到豫章宗璟那儿去了。

李白顾不上一身的疲惫，又开始朝不远处的豫章奔去。

一路焦急，一路打听，在一小巷子里找到了宗璟的家。

当妻子看到须发皆白、一身疲惫的李白出现

在眼前时，她愣住了。

她伸出手摸了摸李白的胸口，发现是跳动的，然后她掉下了眼泪。

李白拉着她走进屋，宗璟和伯禽过来看到他，许久两人才回过神儿来。

宗璟拍着他的肩，笑了，说：“我就知道你会回来的！”

伯禽端上一杯茶，道：“我们早就听说了朝廷的大赦，只对爹爹的生死一无所知。”

宗璟点头道：“有一天，京师传来消息说你在流放途中乘舟落水，死于茫茫的白水之中，就连尸首也没被捞起来。”

“虽说眼见为实，但因为太过担心，娘哭了很久。”

“何况你获赦后很久都未回到家中，所以……所以我们还简单地为你料理了后事。”宗芸擦干泪，整个人都精神了许多。

此刻的李白是多么心疼家人，他理解妻子见到自己时流下的眼泪——失而复得后的喜悦，岂非也会让人流泪？

第十章
对影邀月

随后的日子，李白一家人就与宗璟夫妻俩住在一起。

虽然宗璟是那么仁义，他妻子也是那么明白事理、温柔贤惠，但是宗璟毕竟只是小官，俸禄只有那么可怜的一点儿……

李白决定带着妻子、伯禽离开豫章回到庐山屏风叠去。

宗璟不肯，但他明白姐夫的执拗，便只强调一大家人还要互相多多走动，有什么困难之处还要相互说出——毕竟李白也年近花甲了，之后靠什么生活？

只是相比生活的窘迫，李白更难解的是心结。单调的日子时常让他陷入自我否定和心有不甘的矛盾中，他觉得自己不再是那个我歌且狂的仙人或侠士，他一直都想说明永王并没有叛国。他总是处在苦闷之中，无论谁来看他，他总是一再说着自己这段经历是委屈的，可是又有谁能真正认真地聆听呢？大家宁可他依然喝醉了写那些狂放不羁的诗——嘲笑不喝酒的王历阳，或是告诉人们白云是狂醉的天仙揉碎的。

现在，他不停地写下一些晦涩难懂的诗——他本就擅长用典用譬喻，他不敢明着写，于是大篇幅地设比暗喻，比喻自己的委屈，比喻历史的“真相”。事实上，李白的晚年一直伴随着这种阴影，他需要解释，需要平反，可他活着的时候一直没有等到，直到他去世后的那年，唐代宗即位后，替永王和李白洗去了叛国罪名。

然而之后战乱又起——在洛阳和长安两京收复、叛军逃回了幽州老巢后，朝廷本以为天下就会因此而太平，于是开始大肆封官晋爵，集中财力、物力修复已损坏了的宫殿和庙宇，只顾粉饰太平，却从来没想过要去彻底荡平叛乱。

现如今，贼势复炽，卷土重来，不仅洛阳复陷敌手，就连荆豫交界的鲁阳关也很吃紧了。

此时，中原和关中地区再次由于兵祸与旱灾，民不聊生，百姓流离失所。斗米已涨至千钱，饿殍也随处可见。

李白听到战乱又起的消息后，再一次忧心如焚，那念苍生和救社稷的情感再次充满了心中，隐居的念头便又淡了，他依然想重出山林。他怀念那种征战的豪情，他要忘记所有的窝囊和委屈，或者说洗刷此前的委屈——他发现自己做不到像司马承祯那样“天下之事，事不关己”，做不到在动乱中“神游八极之表”，他知道自己太过矛盾。醉便是清醒，清醒却仿佛醉了——清醒了，那所有的未完成的理想，那少时就有的男子汉的济世梦，深深地折磨着他，折磨了太多年。所以他选择用最浪漫的方式面对它，他可以在最广阔的地方上九天揽月，他依然要整装出发，这样的现实不是折磨。

但是宗氏两姐弟却在为李白的六十大寿忙碌着。他们认为六十是满了甲子，当然要好好地庆祝一番。

他竟忘记了自己已是一位六十岁的白发老人。

不久，又传来宋城失守的消息。

梁宋是李白多年往来的客居之地。家园有难，他又怎能置之不理。

此时，代宗派元帅李光弼前去收复宋州。李光弼是契丹人，为人刚毅沉勇，气魄非凡，治军极严。又尝听说李光弼有任人之才，虽不如郭子仪的名气大，但是其军事才能绝不在郭子仪之下。

李白热血沸腾，瞒着宗氏，毅然地向临淮奔去。

李白一路上日夜兼程，刚走到扬州，便病倒了。

他觉得胸口疼痛不止，以为是自己途中劳累所致，休息一两天后，忍着疼痛接着前往临淮。

不久，李白却发起了高烧，甚至都有些神志不清，他只得暂时中止行程，到当涂（今安徽当涂县）县衙投靠族叔李阳冰。

李阳冰很热情地接待了李白，还请当地名医为他治疗。

那名医给李白仔细把脉后，半晌没有说话，默默地饮完一杯茶，又等了好一阵子，悄声对李阳冰道：“太白先生是腹肋之疾，胸口已脓肿，兼之连日辛劳……”

“可有良方吗?”

“现今唯一的办法就是静养，服一点儿药，也许会好一点儿。”

李阳冰和那医生都叹气了，惜才之心让他们深深地惋惜。

李阳冰并没有把李白的病情告诉他，只要他安心养病，等到病好以后再报国也不迟。他害怕李白得知病情后会一蹶不振。

在李阳冰的细心照顾下，李白的病情有所好转了，高烧已经退下来，人也比较清醒。

然而他宁愿不清醒——太阳升起又落下，阳光有暗淡的时候，生命也一样。

山河动荡，自己年老体衰，想要老骥奋蹄，却又大病未愈。

既不能忍受，又无法解脱，就只有逃避，哪怕只能逃避片刻也好。他想去山林躲一躲，可是他的体力不济，走不了几步又得返回。

他还想喝酒，他知道他不能喝了，但那种难能可贵的离开，离开他所遗憾和忧惧的一切的时刻，他无法不贪恋，那种记忆里朋友们纵情欢笑的时刻，他无法不心心念念。是啊，喝了酒，他依然是谪居人间的神仙，世间的一切都尽在掌握。

李白披散着头发，拄着拐杖来到了江边。

他是那么孤独。

没人陪李白喝酒，他想起在宣城时常栖身的纪老头的酒店，他想喝纪老头酿的老春酒。

纪老头死了，他还在黄泉下酿酒吗？

李白哭吟："纪叟黄泉里，还应酿老春。夜台无李白，沽酒与何人？"

他醉了。

醉得很快。

人在虚弱和痛苦中，本就醉得很快。

他踉踉跄跄地登上了岸边一艘无人的小船，船缓缓地朝江心移动……

秋天的夜空湛蓝深邃，月亮，高洁明亮，高悬天际。秋月就是李白的魂魄了，这一刻他仿佛忘了一切，心宇也如秋天的夜空一样深邃起来。

李白在小船中时而仰头看着天空中的月亮，时而低头轻抚一下水中的月亮。

月亮越来越靠近李白，他索性跪在船上，用手去打捞月亮。但是，那月影似碎银一般消失得无影无踪。

“月亮掉进水里了，”李白急切地大声喊着，“谁能来救救月亮啊……”

船儿越漂越远，远得看不见了……

李白究竟是醉后捞月失足落水，还是因病而死，无人知晓。

正如人们记住的，从不是全部的他。

不久后，宗芸接到了李白的死讯。她哭了很久，但她是个坚强的人——她边哭边整理他的诗稿，和伯禽去往当涂。

只能就近埋葬了——李阳冰安排修葺了坟墓。李白是仙人，他应该在一处很美的地方。

几天后的一个清晨，宗芸收拾了李白的几件衣服、一些诗稿，和伯禽来到城南的青山，她要将“他”葬在山巅，和仙人的洞穴在一起。

他们缓缓地向山顶走去。这是一座很美的山，像李白童年的山，有泉水从山上流下来，白天也有美丽的鸟。只是他们想在天亮前到达，所以半夜出发。

他们不停地向前走，穿越树林、泉眼、隐居者的茅庐，穿越林间微薄的雾气，寻找神仙愿意停留的地方。

夜色渐渐退去，天际微露鱼肚白。

她看到了那样一个位置，她走入那缕阳光。

她将他葬在阳光中。

李白也许从不曾想过，未来的千百年，未来的无数颗心，未来的整个宇宙，都会回响着他的诗。他的“床前明月光……”会在孩童开蒙的诵读中出现，他的酒会在每一个酣畅或落寞的人的眼中酿出泪水。月亮会陪着他，所有人都会陪着他，他的诗是永恒的，如阳光一样。